Einführung

Wohl jeder Mensch kommt im Lauf seines Lebens hin und wieder mit dem Gesundheitswesen in Berührung. Auch wer sich bester Gesundheit erfreut, ist doch zumindest Mitglied in einer gesetzlichen oder privaten Krankenversicherung und spätestens mit zunehmendem Lebensalter müssen die meisten Menschen von Zeit zu Zeit einen Arzt aufsuchen.

Wer nun einem Arzt, einem Psychotherapeuten oder einem Krankengymnasten gegenübersitzt oder gar ins Krankenhaus muss, macht dabei eine erstaunliche Wandlung durch. In allen übrigen Rechtsgeschäften des täglichen Lebens, seien es Kleinigkeiten wie der Kauf einer Zeitung oder die großen Dinge wie der Erwerb eines Hauses, tritt der Mensch als eigenständig handelnder Verbraucher auf, der Kaufangebote oder Dienstleistungen nutzt. Selbst gegenüber dem Staat und seinen Behörden agiert der moderne Bürger selbstbewusst und kritisch. Anders im Gesundheitswesen: Hier mutiert der Verbraucher häufig noch immer zum Patienten, zum Leidenden, der sich aus Sorge um die eigene Gesundheit dem Urteil der Fachleute kritiklos unterwirft oder sich im Krankenhaus in eine Maschinerie einspannen lässt, in der die Persönlichkeit des Einzelnen oft genug nicht ausreichend wahrgenommen wird.

Ein Ausdruck solch überkommener Strukturen war der Umstand, dass es in Deutschland bis jetzt keine speziellen Patientenrechte gab. Während andere Rechtsbereiche, wie zum Beispiel das Miet- oder das Arbeitsrecht, aber auch deutlich weniger bedeutende Rechtsgebiete, wie das Pauschalreiserecht, in eigenen Vorschriften und mit eigener Systematik geregelt sind, existierte Derartiges für Patientenrechte nicht. Regelungen, die Patienten betreffen, fanden sich verstreut über verschiedene Gesetze, größtenteils sind sie aber durch richterliche Rechtsfortbildung – also Urteile – entstanden.

Nun gibt es seit Anfang 2013 ein solches eigenes Gesetz auch für die Rechte der Patienten: Das sogenannte Patientenrechtegesetz ist eine Sammlung von Vorschriften im Bürgerlichen Gesetzbuch (BGB).

Die Bundesregierung hat dazu bislang die bestehenden Regelungen in einem Gesetz zusammengeführt. Leider hat sie diese Gelegenheit nicht dazu genutzt diese Rechte auch zu verbessern. Weder bei der Haftung noch bei den Vorschriften für die sogenannten Individuellen Gesundheitsleistungen (IGeL) konnte man sich zu eindeutig patientenschützenden Regelungen durchringen.
Immerhin, die Orientierung über die vorhandenen Rechte ist jetzt leichter möglich. Als »Bonbon« wurde zusätzlich die bei Patienten und Ärzten gleichermaßen ungeliebte Praxisgebühr ebenfalls zum 1.1.2013 abgeschafft.
Leider wurden die Beratungsmöglichkeiten bislang nicht weiter ausgebaut. Nach wie vor gibt es in Deutschland keine flächendeckende persönlichen Beratungsmöglichkeiten für Patienten und Versicherte.

Die »großen Akteure im Gesundheitswesen«, die Ärzte und Krankenkassen, haben bislang die Rolle des Patientenschützers für sich reklamiert. Selbstverständlich kann man keinem Arzt absprechen, für seine Patienten grundsätzlich die bestmögliche Behandlung anzustreben. Was aber ist, wenn in Zeiten wirtschaftlicher Zwänge das ökonomische Interesse des Arztes als Unternehmer mit den Bedürfnissen des Patienten kollidiert? Oder dem Arzt ein Fehler unterlaufen ist und er nun die Folgen zu vertreten hat? Ähnliches gilt für die Krankenkassen, auch sie vertreten in der Regel die Interessen ihrer Versicherten. Gelegentlich haben Patienten aber den Eindruck, das Interesse ziele vor allem aufs Sparen ab und nicht darauf, für den einzelnen Versicherten die bestmögliche Leistung zu erreichen.

Viele Patienten und Versicherte wollen das nicht mehr einfach so akzeptieren. Sie werden selbstbewusster, nehmen ungünstige Krankheitsverläufe oder Leistungsverweigerungen nicht mehr ohne Weiteres als schicksalhaft an, sondern diskutieren mit Ärzten und Krankenkasse über den Sinn vorgeschlagener Therapien oder ob ihnen bestimmte Leistungen gewährt werden müssen.

Genau dort setzt dieser Ratgeber an: Wollen Patienten im Gesundheitswesen fair und gleichberechtigt behandelt werden, müssen sie ihre Rechte kennen. Anhand vieler Beispiele zeigen wir, welche Rechte Sie als Patient gegenüber Ärzten und Angehörigen anderer Heilberufe haben und wie Sie Ihren Anspruch im Ernstfall durchsetzen können.

Inhalt

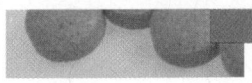

Das Patientenrechtegesetz

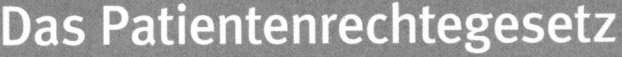

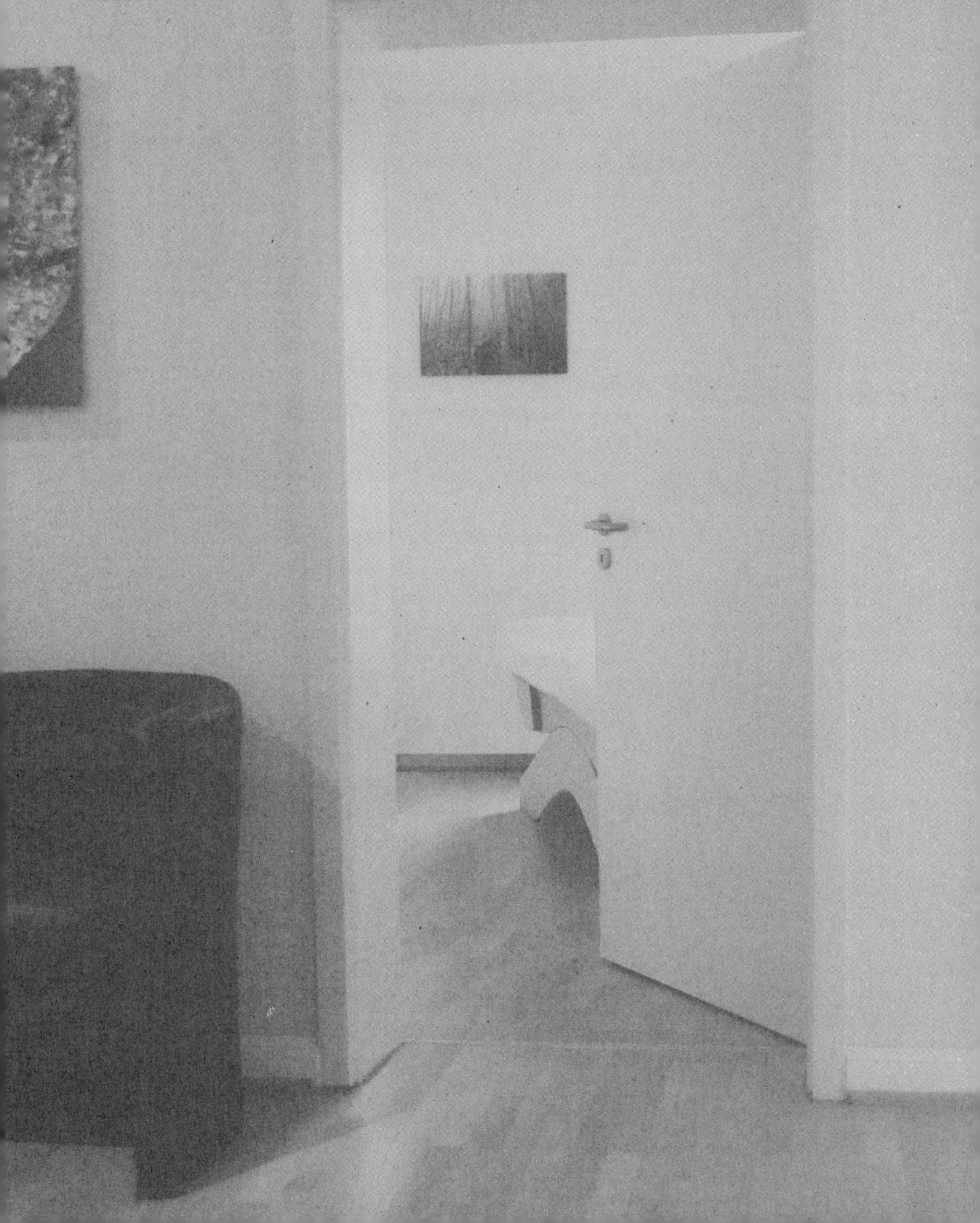

Warum ein neues Gesetz?

In Deutschland ist bekanntlich vieles geregelt, die Rechte
der Patientinnen und Patienten waren es bislang nicht. Natürlich gab es trotzdem bestimmte Rechte und Pflichten, sie
waren aber nicht in einem Gesetzestext zusammengefasst,
sondern leiteten sich aus anderen Vorschriften, wie etwa den
allgemeinen Vertragsrechten oder dem Schadensersatzrecht
ab. In Gerichtsverfahren wendeten Richter diese Gesetze im
Hinblick auf das Rechtsverhältnis zwischen Arzt und Patient
an. So entstand über die Jahre durch viele Urteile ein Pati-
entenrecht. Allerdings war es nur Experten möglich, sich zu
einzelnen Fragen kundig zu machen. Seit vielen Jahren gab es
deshalb immer wieder Vorstöße ein einheitliches Gesetz zu
schaffen, das die Rechte und Pflichten der am Behandlungsprozess Beteiligten einheitlich darstellt. Allerdings stellte
sich dann immer schnell die Frage, ob bei dieser Gelegenheit
nicht neue Rechte für Patienten geschaffen werden sollten.
Die Diskussionen um diese Frage führten dann regelmäßig
dazu, dass es nach wie vor kein Gesetz gab. Dass es nun ge-
lungen ist, ein Gesetz zu verabschieden, ist daher zunächst
einmal ein Erfolg. Allerdings einer auf dem kleinsten gemeinsamen Nenner, denn im Wesentlichen wurden die bestehenden Rechte übernommen und so weder neue Pflichten für
die Ärzte noch entscheidende Rechtsverbesserungen für die
Patienten aufgenommen.

Die einzelnen Regelungen werden in diesem Ratgeber an den
entsprechenden Textstellen ausführlich behandelt, im Folgenden aber zunächst im Überblick aufgelistet.

Die Regelungen im Überblick

Die neuen Vorschriften wurden in das Bürgerliche Gesetzbuch (BGB) aufgenommen. Sie finden sich damit in dem Ab-
schnitt, der ansonsten das Recht der Dienstverträge aller Art

regelt. Soweit sie die Krankenkassen betreffen, wurden sie in das Sozialgesetzbuch V (SGB V) aufgenommen, in dem die Rechtsverhältnisse der gesetzlichen Krankenkassen geregelt sind.

Die Rechtsbeziehung zwischen Behandelndem und Patient findet nun in § 630a BGB eine eigene Regelung als sogenannter Behandlungsvertrag (→ Seite 14 ff.). Wer eine medizinische Behandlung anbietet, also zum Beispiel Ärzte, Zahnärzte, Psychologen oder Hebammen, ist zu einer fachgerechten Leistung verpflichtet und wer diese Leistung annimmt zur Bezahlung – wenn nicht Dritte, etwa die gesetzliche Krankenkasse, diese übernehmen. Diese Regelung gibt die bestehende Rechtslage wieder. Im Konfliktfall wird es nach wie vor darum gehen, was eine fachgerechte Behandlung gewesen wäre.

Die Informationspflichten der Behandelnden sind in § 630c BGB geregelt. Der Patient muss über alle wichtigen Umstände zur Diagnose und Therapie verständlich aufgeklärt werden, auch darüber ob möglicherweise ein Behandlungsfehler erfolgt ist (→ Seite 38 ff.). Letzteres allerdings nur, wenn er nachfragt oder eine gesundheitliche Gefahr droht. Diese Einschränkung zeigt bereits, dass Patienten nach wie vor wachsam sein müssen. Die Chance eine solche Mitteilung verpflichtend zu machen, wurde nicht wahrgenommen.

Der Patient muss auch über mögliche Kosten aufgeklärt werden, wenn der Behandler erkennen kann, dass ein Dritter die Kosten nicht voll übernehmen wird. Neben zusätzlichen Kosten für aufwendigeren Zahnersatz sind dies insbesondere die Kosten der sogenannten individuellen Gesundheitsleistungen (IGeL, → Seite 55 ff.). Mehr Schutz vor diesen häufig nicht sinnvollen Leistungen, also eine Wartefrist oder eine schriftliche Aufklärung über die medizinische Qualität der Leistung, konnte nicht verankert werden.

Jede medizinische Behandlung – außer in Notfällen – bedarf einer Einwilligung (§ 630d BGB) und einer davor liegenden Aufklärung (§ 630e BGB) des Patienten über die Chancen und Risiken (→ Seite 125). Kann der Patient nicht selbst einwilligen oder hat er bereits in einer Patientenverfügung den Eingriff erlaubt, kann ein Bevollmächtigter oder Betreuer für ihn einwilligen.

Behandelnde müssen alle wichtigen Behandlungsdaten zehn Jahre lang entweder in einer Akte oder elektronisch dokumentieren (→ Seite 33 f.). Nachträgliche Veränderungen der Daten müssen kenntlich gemacht werden. Der Patient hat grundsätzlich ein Einsichtsrecht (→ Seite 34 ff.).

Ein eigener Paragraf (§ 630h BGB) enthält die Regelungen zur Haftung bei Behandlungs- und Aufklärungsfehlern (→ Seite 152 ff.). Die Vorschrift fasst die bisherige Rechtsprechung zusammen, schafft aber keine neuen Rechte oder Beweiserleichterungen für Patienten.

Wirklich neu sind einige Rechte gegenüber den gesetzlichen Krankenversicherungen. Um lange Antragsverfahren zu verkürzen, müssen Kassen künftig nach drei Wochen mitteilen, warum der Antrag noch nicht bearbeitet wurde (→ Seite 77). Ansonsten gilt der Antrag als genehmigt. Bei Einschaltung des medizinischen Dienstes verlängert sich die Bearbeitungsfrist auf fünf Wochen, bei zahnärztlichen Gutachten auf sechs Wochen (§ 13 Abs. 3 a SGB V). Auch sollen die Kassen zukünftig ihre Mitglieder bei Streitigkeiten um Behandlungsfehler beraten und unterstützen (§ 66 SGB V, → Seite 176). Schließlich wurde noch eine Kündigungsregelung für Versicherte in Hausarztmodellen geschaffen (§ 73b SGB V, → Seite 65 ff.).

Patientenrechte beim Arzt

Jeder, der mit Beschwerden eine Arztpraxis aufsucht, möchte in erster Linie, dass die Krankheit richtig diagnostiziert und das Leiden rasch gelindert wird. Der rechtlichen Seite der Arzt-Patienten-Beziehung ist er sich zu diesem Zeitpunkt selten bewusst. Dennoch ist es wichtig zu wissen, welche Rechte und Pflichten Ärzte auf der einen Seite und Patienten auf der anderen Seite haben. Denn die Qualität der medizinischen Behandlung wird auch davon bestimmt.

Der Behandlungsvertrag

In allen Geschäftsbeziehungen, die wir täglich eingehen, ist ein Vertrag die Grundlage des Leistungsaustausches Ware oder Dienstleistung gegen Geld. Auch wenn in den meisten Fällen kein schriftlicher Vertrag geschlossen wird, beruht die Geschäftsbeziehung auf rechtlichen Regelungen, aus denen sich im Konfliktfall Rechte ableiten lassen. Beim Arztbesuch ist den Patienten hingegen nicht unmittelbar deutlich, dass sie auch mit dem Arzt eine vertragliche Beziehung eingehen.

In Deutschland sind rund 90 Prozent aller Menschen in einer der über 140 gesetzlichen Krankenkassen versichert. An diese zahlen sie ihre Beiträge, die in der Regel direkt vom Arbeitslohn einbehalten oder vom Sozialamt oder der Arbeitsagentur dorthin überwiesen werden. Beim niedergelassenen Arzt oder im Krankenhaus müssen sie für die Behandlung nichts bezahlen – außer den gesetzlich vorgeschriebenen Zuzahlungen. Ihre Entlohnung für die erbrachten Dienste erhalten die Ärzte oder Krankenhäuser über komplizierte Regelungen und Verteilungsmechanismen von den Krankenkassen. Doch obwohl kein Geldtransfer zwischen Arzt und Patient stattfindet, entsteht durch die Behandlung ein Vertragsverhältnis, auch zwischen Arzt und Patient.

Bei privat versicherten Patienten treten die Rechtsverhältnisse deutlicher zutage. Der Privatpatient zahlt dem Arzt das

Honorar direkt. Er selbst hat aber aus dem Versicherungsvertrag den Anspruch, dass seine Versicherung die Aufwendungen erstattet. Zahlt die Versicherung nicht oder nur teilweise, hat der Arzt damit nichts zu tun. Sein Ansprechpartner ist der Privatpatient aufgrund des mit ihm geschlossenen Vertrags.

Ein Vertrag kommt im Übrigen auch dann zustande, wenn überhaupt kein Geld für die Leistung berechnet wird, wie dies teilweise unter ärztlichen Kollegen noch der Fall ist. Nicht einmal ein persönlicher Kontakt ist unbedingt Voraussetzung. Bereits durch eine telefonische Beratung ist ein Behandlungsvertrag entstanden.

Die Rechte und Pflichten aus dem Behandlungsvertrag werden für Privat- und Kassenpatienten grundsätzlich nach dem Bürgerlichen Gesetzbuch (BGB) geregelt, hier jetzt neu seit Anfang 2013 in § 630 a f. Von der rechtlichen Einordnung her handelt es sich um einen sogenannten Dienstvertrag. Wie auch bei anderen Dienstverträgen schuldet der Arzt dem Patienten nur das fachgerechte Bemühen, nicht aber den Erfolg. Es ist einleuchtend, dass bei der Komplexität des menschlichen Körpers ein Heilungserfolg nicht zwingend erwartet werden darf. Anders ist dies bei einem Werkvertrag, wie ihn etwa ein Tischler abschließt, der verspricht, ein Möbelstück zu bauen.

Praxisgemeinschaft oder Gemeinschaftspraxis?

Vertragspartner des Patienten ist der Inhaber der Praxis, häufig also ein einzelner Arzt. Das gilt auch, wenn der Praxisinhaber weitere Ärzte angestellt hat, die selbständig Patienten behandeln. In einer Praxisgemeinschaft oder in einem medizinischen Versorgungszentrum (MVZ), in dem sich mehrere Ärzte Räume und Personal teilen, kommt der Vertrag dagegen nur mit dem behandelnden Arzt zustande. In einer Gemeinschaftspraxis hingegen werden meist alle Ärzte Vertragspartner. Das ist bei Haftungsfragen wichtig, da für den Fehler eines Kollegen unter Umständen alle Partner in Regress genommen werden können. Die Praxisform muss man dem Praxisschild entnehmen können: Bei einer Praxisgemeinschaft hat jeder Arzt ein eigenes Schild; bei der Gemeinschaftspraxis müssen alle Partner gemeinsam aufgeführt werden. Bei der Einzelpraxis mit angestellten Ärzten steht auf dem Praxisschild nur der Inhaber.

Diese Regeln können aber bei Verträgen mit Ärzten teilweise zur Geltung kommen, wenn eine handwerkliche Leistung im Vordergrund steht, wie etwa beim Zahnersatz. Welche Besonderheiten sich dann ergeben, wird in den entsprechenden Abschnitten besprochen.

Da Behandlungsverträge zwischen dem niedergelassenen Arzt und seinen Patienten nicht schriftlich geschlossen werden müssen, merkt der Patient in der Regel nichts von einem erfolgten Vertragsschluss. Entscheidend ist, dass beide Vertragspartner, also der Arzt und der Patient, übereinstimmend den Willen haben, eine ärztliche Leistung zu erbringen oder in Anspruch zu nehmen. Im Krankenhaus bekommt hingegen jeder Patient bei der Aufnahme einen Vertrag vorgelegt, den er, soweit er dazu in der Lage ist, vor Beginn der Behandlung unterschreiben muss (→ Seite 108 ff.).

Wenn Patienten nicht geschäftsfähig sind

Sowohl der Krankenhausvertrag als auch der Arztvertrag beim niedergelassenen Arzt erfordern Geschäftsfähigkeit der Vertragspartner. Somit können Menschen, die vorübergehend oder dauernd geschäftsunfähig sind, grundsätzlich keinen Vertrag abschließen. Da auch oder gerade in solchen Fällen ärztliche Hilfe gewährt werden soll, wird das Verhältnis zwischen den Parteien über die juristische Konstruktion der »Geschäftsführung ohne Auftrag« abgewickelt. Sofern die Behandlung wirklich notwendig war und die behandelnden Ärzte daher davon ausgehen konnten, dass sie dem mutmaßlichen Willen des Betroffenen entsprach, werden aus dieser Konstruktion die wesentlichen Rechte und Pflichten der Betroffenen ganz ähnlich wie beim Vertragsverhältnis entwickelt. Diese Situation ergibt sich häufig bei Unfällen und anderen Notfällen. Die Ärzte können dann sofort tätig werden, selbst wenn der Patient der Behandlung nicht zustimmen konnte. Das so zustande gekommene Vertragsverhältnis umfasst aber nur wirklich notwendige Maßnahmen. Im Beispiel oben wird der Arzt entscheiden müssen, ob es medizinisch vertretbar ist, so lange mit der Amputation zu warten, bis der Patient aus der Bewusstlosigkeit erwacht und in den weitreichenden Eingriff einwilligen kann.

◀ ❯ Beispielfall

Herr M. hatte einen Motorradunfall. Bewusstlos wird er in das nächstliegende Krankenhaus eingeliefert. Der diensthabende Arzt erkennt sofort, dass aufgrund der schweren Beinverletzungen wahrscheinlich ein Bein amputiert werden muss. Er entschließt sich, die Amputation vorzunehmen, ohne abzuwarten, dass Herr M. aus der Bewusstlosigkeit erwacht.

Bei Menschen, die aufgrund dauerhafter Geschäftsunfähigkeit einen gesetzlichen Betreuer haben, oder bei Kindern und Jugendlichen, wird der Vertrag wirksam, indem der Betreuer oder die Eltern zustimmen. Die Pflicht, eventuelle Kosten aus diesem Vertrag zu tragen, trifft dann nur die Eltern, nicht das Kind. Dies gilt auch dann, wenn das Kind über eigenes Vermögen verfügt, die Eltern jedoch nicht.

Auf der anderen Seite hat das Kind, da es in den Vertrag einbezogen ist, eigene Ansprüche: Es kann etwa nach einer fehlerhaften Behandlung Schadenersatz geltend machen, auch wenn den Eltern als den eigentlichen Vertragspartnern kein gesundheitlicher Schaden entstanden ist. Für den Fall, dass die Eltern einem Vertragsschluss überhaupt nicht zustimmen wollen, weil sie zum Beispiel eine Behandlung aus religiösen Gründen generell ablehnen, kann der behandelnde Arzt oder das Krankenhaus dennoch tätig werden. Die Rechtsbeziehungen definieren sich dann wieder über die Geschäftsführung ohne Auftrag. Weitere Informationen zu der Problematik der ärztlichen Behandlung bei nicht oder nur beschränkt Geschäftsfähigen finden Sie in den Ausführungen zur Einwilligung in die Behandlung (→ Seite 39 f.) und zur Patientenverfügung (→ Seite 120 ff.)

Arzt- und Patientenwahl

Bei den meisten Geschäften des täglichen Lebens können sich Konsumenten und Anbieter ihren Geschäftspartner aussuchen. Nur in wenigen Fällen gibt es durch Gesetze geregelte Vorgaben zum Abschluss von Verträgen. Das ist beispielsweise bei Energieversorgern der Fall. Im Gesundheitswesen bestehen ebenfalls zum Teil solche Versorgungsverpflichtungen, etwa für »Kassenärzte«.

Wahlrechte der Patienten

Grundsätzlich kann jeder Patient mit jedem Arzt einen Vertrag abschließen. Eingeschränkt wird dies jedoch durch die Regelungen zwischen den jeweiligen Kostenträgern und den Leistungserbringern, also den Ärzten und Krankenhäusern. So sind etwa alle Ärzte und alle Krankenhäuser, die eine Kassenzulassung haben (sogenannte Kassenärzte oder Vertragsärzte bzw. Vertragskrankenhäuser), in ihren Verträgen mit den Krankenkassen dazu verpflichtet, alle gesetzlich versicherten Patienten zu behandeln. Im Gegenzug wird ihnen und den Patienten zugesichert, dass die anfallenden Kosten – soweit es sich um Kassenleistungen handelt – von den Krankenkassen übernommen werden.

Bei Ärzten und Krankenhäusern, die keinen Vertrag mit den gesetzlichen Krankenkassen abgeschlossen haben, ist dies anders: Diese »Privatärzte« müssen nur in Notfallsituationen (→ Seite 48 f.) gesetzlich versicherte Patienten behandeln. Kassenpatienten können zwar auch in anderen Fällen mit Privatärzten Verträge abschließen. Für die Kosten der Behandlung müssen sie jedoch komplett selbst aufkommen. Also auch dann, wenn die erbrachten Leistungen grundsätzlich zum Leistungsumfang der gesetzlichen Krankenkasse gehören.

Die freie Arztwahl für gesetzlich versicherte Patienten ist noch in einem weiteren Aspekt eingeschränkt: Wählen sie ein (Vertrags-)Krankenhaus, für das sie keine Einweisung eines niedergelassenen Arztes haben und das nicht in ihrem unmittelbaren Einzugsbereich liegt, kann die Kasse ihnen die Mehrkosten, die zum Beispiel durch einen höheren Pflegesatz entstehen, in Rechnung stellen. Ebenso können Transportkosten, die durch die Wahl eines weiter entfernten Krankenhauses entstehen, ganz oder teilweise dem Patienten auferlegt werden. Sie sollten deshalb bei einer sogenannten Selbsteinweisung diesen Punkt vorher mit der Kasse klären. Wenn Patienten den Wunsch nach der Behandlung in einem bestimmten Krankenhaus ausreichend begründen können, kann die Krankenkasse eventuell entstehende Mehrkosten nicht auf den Patienten abwälzen. Begründungen könnten zum Beispiel darin liegen, dass dieses Krankenhaus für die spezielle Erkrankung über Behandlungsmöglichkeiten verfügt, die im näheren Umkreis nicht vorhanden sind. Eine andere Begründung kann sein, dass der Patient mit dem eigentlich zuständigen Krankenhaus bereits schlechte Erfahrungen gemacht, womöglich sogar juristische Auseinandersetzungen geführt hat.

[ ] Tipp

Wenn Sie gesetzlich versichert sind, sollten Sie vor Aufnahme einer Behandlung sicherstellen, dass der Arzt oder das gewählte Krankenhaus einen Versorgungsvertrag mit den gesetzlichen Krankenkassen hat.

Das gilt übrigens auch, wenn Sie einen Wahltarif »Kostenerstattungsverfahren« abgeschlossen haben, bei dem Sie wie ein Privatpatient die Arztrechnung zunächst selbst begleichen. Eine Rückerstattung durch die Krankenkasse erfolgt jedoch nur bei Behandlungen durch Kassenärzte. Zum Privatpatient wird der gesetzlich Versicherte erst durch Zusatzversicherungen, für die dort vereinbarten Leistungen. Der Arzt oder das Krankenhaus müssen im Rahmen der sogenannten wirtschaftlichen Aufklärungspflicht darüber informieren, ob ein Versorgungsvertrag mit den gesetzlichen Kassen besteht. Im Einzelfall kann es für Sie jedoch schwierig sein, nachzuweisen, dass dies nicht geschehen ist.

Privat versicherte Patienten

Für privat versicherte Patienten bestehen diese Probleme nicht: Grundsätzlich können sie sich von jedem Arzt oder in jedem Krankenhaus behandeln lassen. Sie müssen allerdings darauf achten, dass die jeweilige Behandlung auch zum Leistungsspektrum ihres individuellen Versicherungsvertrags gehört. Sofern es sich nicht um absolute Außenseitermethoden handelt, können Privatversicherte trotz der wirtschaftlichen Aufklärungspflicht des Arztes (→ Seite 42 ff.) nicht erwarten, dass dieser angesichts des »Tarifwirrwarrs« der Privatversicherer auf die Besonderheiten des jeweiligen individuellen Privatvertrags zwischen Versichertem und Versicherungsgesellschaft hinweist. Denn anders als bei der gesetzlichen Krankenversicherung, bei der die Leistungen im Wesentlichen bei allen Kassen gleich sind, kommt es bei den Privatversicherungen stark auf den jeweiligen Tarif, seine Bedingungen und mögliche individuelle Ausschlüsse an.
So kann jemand, der einen privaten Krankenversicherungsvertrag abschließen möchte, die Behandlung bestimmter

Erkrankungen, die eigentlich auch von der Versicherung übernommen werden, für sich ausschließen, weil ihm sonst die Aufnahme nicht ermöglicht wird. Wer beispielsweise eine Psychotherapie gemacht hat, wird gelegentlich die Auflage erhalten, dass speziell Psychotherapie für die Zukunft ausgeschlossen wird.

Wahlrechte der Ärzte

In Notfällen (→ Seite 47 ff.) ist jeder Arzt verpflichtet, alle Patienten zu behandeln. Liegt kein Notfall vor, können Privatärzte ihre Patienten auswählen. Ein Kassenarzt hat dagegen nur unter ganz bestimmten Bedingungen die Möglichkeit, Kassenpatienten abzulehnen. Der im Alltag häufigste rechtmäßige Ablehnungsgrund wird in der Überlastung der Praxis bestehen. Insbesondere Fachärzte, zumal wenn sie einen guten Ruf haben, müssen schnell einen derart großen Patientenstamm versorgen, dass die Aufnahme neuer Patienten gelegentlich mit Wartezeiten von mehreren Monaten verbunden ist.

Ein weiterer zulässiger Grund, die Behandlung eines Patienten abzulehnen, liegt vor, wenn das Vertrauensverhältnis nachhaltig gestört ist. Das könnte beispielsweise der Fall sein, wenn der Patient in der Praxis des Arztes Diebstähle begangen hat, das Personal beschimpft hat oder gegen den Arzt Prozesse führt. Nicht ausreichen dürfte jedoch, dass ein Privatpatient mit der Bezahlung einer Rechnung in Verzug ist. Zahlt allerdings ein Patient dauernd und auch auf Mahnungen hin seine Rechnungen nicht, kann dies zu einem Bruch des Vertrauensverhältnisses führen.

Fadenscheinige Gründe

Gelegentlich weigern sich Ärzte, Kassenpatienten zu behandeln, wenn sie ihre Chipkarte nicht dabeihaben. Dies ist nicht zulässig. Zum einen kann der Patient die Chipkarte innerhalb von zehn Tagen nach der Behandlung nachreichen, zum anderen hat der Arzt das Recht, andernfalls eine Privatrechnung zu stellen, die der Patient dann aus eigener Tasche bezahlen muss. Dies ist für den Arzt umständlich und auch wirtschaftlich riskant, da der Patient ja insolvent sein könnte. Dennoch darf er die Behandlung nicht verweigern. Reicht der Patient die Karte innerhalb des Quartals nach, muss der Arzt bereits bezahlte Beträge zurückerstatten. Bei Hausbesuchen, Notfallbehandlungen, defekten Karten oder Lesegeräten darf der Arzt sich die Patientendaten geben lassen und schriftlich mit der Kasse abrechnen, auf der Chipkarte bestehen darf er in diesen Fällen nicht.

Ebenso wenig darf ein Arzt Patienten aus wirtschaftlichen Motiven ablehnen. Leider kommt es immer wieder vor, dass Ärzte die Behandlung von gesetzlich versicherten Patienten mit der Begründung verweigern, sie seien entweder in einer Krankenkasse, die nicht genug zahle, oder das individuelle Budget sei in einem bestimmten Quartal bereits ausgeschöpft. Diese Behauptungen berühren grundsätzliche Probleme des Kassenarztrechts. So ist es zwar richtig, dass die Krankenkassen unterschiedlich viel in den gemeinsamen Topf, aus dem die Ärzte bezahlt werden, einzahlen, oder für bestimmte Leistungen, etwa bei der Vorsorge, unterschiedliche Beträge an die Ärzte geben. Richtig ist auch, dass die Ärzte für ein Quartal, also einen Zeitraum von drei Monaten, nur eine bestimmte Summe als Honorar erhalten. Erbringen sie mehr Leistungen, so bekommen sie davon nur einen geringeren Teil bezahlt. Für den einzelnen Arzt kann dies in der Tat eine wirtschaftliche Härte darstellen. Er darf das aber nicht auf dem Rücken der Patienten austragen. Wenn Ihnen mit einer solchen Begründung eine Behandlung verweigert wird, sollten Sie dies umgehend Ihrer Krankenkasse und der zuständigen Kassenärztlichen Vereinigung (KV) mitteilen.

 Tipp

Sie sollten hellhörig werden, wenn Sie bereits bei der Anmeldung – noch vor der Terminvergabe – nach Ihrer Kassenzugehörigkeit gefragt werden. Bei einem begründeten Verdacht der Benachteiligung von gesetzlich versicherten Patienten sollten Sie Kontakt mit Ihrer Krankenkasse aufnehmen.

Aus den gleichen Gründen machen Ärzte gelegentlich die Behandlung von gesetzlich versicherten Patienten davon abhängig, genügend Kapazitäten für ihre Privatpatienten zu reservieren. Dies ist, wenn es systematisch betrieben wird, nicht erlaubt. Zwar darf ein Kassenarzt auch Privatpatienten behandeln, er darf dies jedoch nur in angemessenem Umfang tun. Und das bedeutet, dass er zunächst seinen kassenärztlichen Verpflichtungen nachkommen muss.

Freitags leider geschlossen

Trotz der generellen Behandlungspflicht kann es dazu kommen, dass Ärzte Patienten wegen Überlastung der Praxis ablehnen müssen oder ihnen nur nach langen oder sehr langen Wartezeiten Termine geben. Aber auch an dieser Stelle kann die zuvor angesprochene wirtschaftliche Problematik zum Tragen kommen. Denn welche Sprechstundenzeiten ein Kassenarzt einhalten muss, ist nicht exakt beschrieben. In den Vereinbarungen der Kassen mit den Kassenärztlichen Vereinigungen heißt es zu Sprechstunden, sie sollten »entsprechend dem Bedürfnis nach einer ausreichenden und zweckmäßigen vertragsärztlichen Versorgung« gestaltet sein. Die genauen Sprechstundenzeiten müssen auf dem Praxisschild angegeben werden. Traditionell waren dies Öffnungszeiten von 9 bis 18 Uhr (ausgenommen Mittwochnachmittag). Zunehmend schließen jedoch Ärzte ihre Praxis bereits am Freitagmittag. Dies kann nicht beanstandet werden, wenn sie Vertretungen benannt haben oder der ärztliche Bereitschaftsdienst die entstehenden Versorgungslücken abdeckt – sonst haften sie persönlich bei Schäden. Wem die häufige Abwesenheit seines Arztes nicht passt, muss wechseln. Sanktionen der Kassenärztlichen Vereinigung gibt es nur in Extremfällen.

Allgemeine Pflichten des Arztes

Wer sich in ärztliche Behandlung begibt, sucht Heilung oder Linderung eines Leidens. Zu dieser Behandlung gehört, dass der Arzt den Patienten untersucht, ihn zu seinen Beschwerden und anderen Umständen, die wichtig sein könnten, befragt (Anamnese), anschließend die Diagnose

stellt, eine Therapie vorschlägt und schließlich den Patienten
behandelt.

Natürlich kann eine Behandlung nicht
gegen, sondern nur mit dem Patienten
durchgeführt werden. Man spricht heute
davon, dass der Patient »Koproduzent
der Dienstleistung Gesundheit« ist. Dies
setzt voraus, dass der Arzt den Patienten
ausreichend aufklärt, auch über Chancen, Risiken und Alternativen (→ Seite
38 ff.). Der Patient wiederum sollte sich
an die verabredete Vorgehensweise
halten und eigenverantwortlich seine
Gesundheit fördern. Das heißt, er sollte
zum Beispiel verschriebene Arzneimittel einnehmen, physiotherapeutische
Übungen regelmäßig ausführen oder
dem Arzt berichten, ob er noch andere
Medikamente einnimmt. Der Erfolg einer
Behandlung kann sich nur einstellen,
wenn Therapeut und Patient zusammenwirken.

> **Ärzte müssen sich fortbilden**
>
> Damit ein Arzt immer auf dem neuesten
> Stand der Medizin ist, hat er die Pflicht,
> sich fortzubilden. Da das medizinische
> Fachwissen sich enorm schnell verändert,
> sodass Diagnose- und Therapieverfahren
> in bestimmten Bereichen bereits nach
> wenigen Jahren verbessert werden, muss
> sichergestellt sein, dass (möglichst) alle
> Ärzte auf dem aktuellen Wissensstand sind.
> Zahlreiche Fortbildungen werden durch
> Anbieter aus der Wirtschaft, insbesondere
> von Pharmaherstellern, durchgeführt, bei
> denen zumindest der Verdacht besteht,
> dass sie medizinische Erkenntnisse nicht
> ganz objektiv vermitteln. Die Ärzteorganisa-
> tionen (Ärztekammer und Kassenärztliche
> Vereinigung) sind verpflichtet, unabhängige
> Fortbildungen zu organisieren und den
> Fortbildungsstatus zu kontrollieren.

Der Arzt ist in der Wahl seiner Therapie frei. Es gibt aller-
dings rechtliche Grenzen. Die Behandlung muss nach den
Regeln der ärztlichen Kunst ausreichend und zweckmäßig
sein, also den anerkannten Grundsätzen und Methoden der
Medizin entsprechen und sich am allgemein anerkannten
Erkenntnisstand der Medizin ausrichten (Weiteres hierzu →
»Leistungsansprüche für Kassenpatienten«, Seite 61 ff.). Hält
sich der Arzt nicht an diese Vorgaben, haftet er für eventuelle
Schäden.

Ärzte sind verpflichtet, mit anderen an der Patientenversor-
gung Beteiligten – zum Beispiel Psychotherapeuten, Physiotherapeuten oder anderen Ärzten – zusammenzuarbeiten.

So muss ein Arzt Überweisungen ausstellen, wenn er sich selbst nicht mehr in der Lage sieht, den Patienten weiterzubehandeln, oder wenn er bestimmte fachärztliche Zusatzinformationen braucht. Und er muss etwa erforderliche Arztbriefe für Kollegen rechtzeitig abfassen, sodass eine Weiterbehandlung sichergestellt ist. Ähnliches gilt auch für Anträge an Krankenkassen oder andere Kostenträger, beispielsweise für eine Rehamaßnahme oder für die Belegung eines Krankenbetts: Verstößt ein Arzt gegen diese Verpflichtungen, kann er sich schadenersatzpflichtig machen, wenn eine Behandlung unterbleibt oder sich die Versorgung mit einem Hilfsmittel verzögert.

Umgekehrt kann ein Patient allerdings von seinem Arzt nicht verlangen, dass er an einen anderen Arzt überwiesen, ihm ein Attest ausgestellt oder ihm ein bestimmtes Medikament verschrieben wird. Bei der Behandlung ist der Arzt nur dem Stand der Wissenschaft verpflichtet. Der Patient wiederum kann die Behandlung jederzeit abbrechen.

Vielfach wird darüber geklagt, dass die Deutschen Weltmeister bei den Arztkontakten sind, daran hatte auch die bis Ende 2012 bestehende Praxisgebühr nichts geändert. Das liegt aber nicht immer an den Patienten. Manchmal möchten sie den Arzt gar nicht sprechen, sondern nur ein Wiederholungsrezept. Der Arzt darf allerdings auf einem persönlichen Kontakt bestehen, streng genommen ist er sogar dazu verpflichtet, um sich davon zu überzeugen, dass der Zustand noch unverändert ist. Wenn Sie in dauernder Behandlung mit immer den gleichen Medikamenten sind, sollten Sie mit ihrem Arzt eine Vereinbarung treffen, dass Sie

Wartezeiten

Ärgerlich für Patienten ist, wenn sie lange warten müssen oder trotz vereinbartem Termin nicht behandelt werden. Insbesondere bei einer Bestellpraxis, die feste Termine vergibt, kann sich bei Überschreiten der vereinbarten Zeiten um eine halbe Stunde und unterlassener Hinweise, ob und wann die Behandlung denn erfolgen werde, ein Schadenersatzanspruch ergeben, wenn der Patient den Zeitaufwand und entsprechende Unkosten belegen kann (AG Burgdorf, Urteil vom 15.10.1984, Az. 3 C 204/84). Überlange Wartezeiten sind zumeist Ergebnis einer mangelhaften Praxisorganisation, die Patienten nicht hinnehmen sollten. Übrigens muss der rechtzeitig zum Termin erschienene Patient nicht endlos warten. Nach etwa 30 Minuten kann er gehen, ohne dass der Arzt den ausgefallenen Termin reklamieren kann (LG Konstanz, Urteil vom 27.5.1994, Az. 1 S 237/93).

sich bei Veränderungen sofort melden und ansonsten nur zu bestimmten, verabredeten Kontrollterminen kommen.

Nicht eingehaltene Termine

Manche Ärzte verlangen von Patienten, die Termine nicht einhalten, ebenfalls Schadenersatz. Dies kann vor allem bei einer Bestellpraxis und bereits bestehendem Behandlungsvertrag zulässig sein: Ein Psychotherapeut, der für jeden Patienten 45 Minuten reserviert, kann nicht einfach den nächsten Patienten vorziehen (→ Seite 129 f.). Das Gleiche kann für einen Zahnarzt gelten, der für eine längere Behandlung entsprechend Zeit eingeplant hat. Eine angemessene Schadenersatzberechnung muss aber berücksichtigen, dass der Arzt in der freien Zeit Verwaltungsaufgaben erledigen oder Fachzeitschriften studieren kann. Er kann daher nicht den vollen Stundensatz seines üblichen Verdienstes geltend machen.

Wenn der Patient wegen einer Erkrankung nicht erscheinen kann, muss er dies dem Arzt mitteilen. Manche Ärzte verlangen von ihren Patienten vor einer Behandlung die Unterschrift unter eine Erklärung zur Kostenübernahme bei einem Nichterscheinen. Solche Bedingungen können unzulässig sein, auch wenn sie unterschrieben wurden. Wer eine hohe Rechnung nach einem versäumten Arzttermin erhält, sollte sich beraten lassen, bevor er sie bezahlt. An den konkrete Nachweis eines Schadens stellt die Rechtsprechung nämlich hohe Anforderungen (zum Beispiel OLG Stuttgart, Urteil vom 17.4.2007, Az. 1U 154/06).

Der Umgang mit Patientendaten

Die Zusammenarbeit zwischen Patient und Arzt kann nur funktionieren, wenn der Patient dem Arzt an vielen Punkten persönliche Schilderungen, Eindrücke und Fakten aus seinem Leben mitteilt. Sie als Patient müssen sicher sein, dass diese Informationen auch ausschließlich für Ihre Diagnose und Behandlung verwendet werden. Sie müssen sich also darauf verlassen können, dass der Arzt Ihre Daten nicht ohne Ihre Erlaubnis an Dritte weitergibt. Nur in bestimmten Situationen darf der Arzt dieses Vertrauen zum Schutz höherwertiger Rechtsgüter (→ Seite 29) brechen.

Wichtig ist für Patienten zudem, unter welchen Bedingungen und in welchem Umfang sie selbst das Recht haben, über ihre vom Arzt oder Krankenhaus gespeicherten Daten Kenntnis zu erlangen.

Die ärztliche Schweigepflicht

Im Lauf einer ärztlichen Behandlung offenbart der Patient viele persönliche Informationen, von denen andere Menschen nicht erfahren sollen. Die ärztliche Schweigepflicht ist deshalb traditionell eine der Kernpflichten des ärztlichen Berufsrechts und des Vertrags zwischen Arzt und Patienten.

❰ ❱ Beispielfall

Frau M. hatte morgens bei ihrer Frauenärztin eine Urinprobe abgegeben, um eine vermutete Schwangerschaft feststellen zu lassen. Am Nachmittag ruft die Sprechstundenhilfe bei Frau M. an. Diese ist jedoch nicht zu Hause. Am Apparat ist ihr Mann. Die Sprechstundenhilfe gratuliert ihm zum Nachwuchs. Als Herr M. dies begeistert seiner Frau erzählt, ist diese sehr bestürzt, denn das Kind stammt vermutlich aus einer kurzen außerehelichen Beziehung.

Wie wichtig die Gesellschaft insgesamt diese Pflicht nimmt, zeigt auch der Umstand, dass ein Verstoß gegen diese Pflichten in § 203 des Strafgesetzbuches mit Strafe belegt ist. Im oben genannten Beispiel könnte Frau M. Strafanzeige stellen oder ein berufsrechtliches Verfahren anstrengen.

Die Schweigepflicht betrifft alle an der Behandlung Beteiligten, also nicht nur die Ärzte, sondern auch alle anderen Berufsgruppen. Dies gilt auch für Personen, die lediglich zu Ausbildungszwecken an der Behandlung teilnehmen, etwa Studenten im Krankenhaus. Auch andere Menschen, die im Umfeld der Behandlung zwangsläufig von einzelnen Informationen Kenntnis erlangen, sind zum Schweigen verpflichtet, zum Beispiel Mitarbeiter von Krankenversicherungen, privatärztlichen Verrechnungsstellen oder Beihilfestellen in Behörden.

Der Arzt ist verpflichtet, dafür zu sorgen, dass keine Patienteninformationen an unbefugte Dritte gelangen können. Dies betrifft nicht nur die direkte Weitergabe mündlicher oder schriftlicher Informationen, sondern er muss auch verhindern, dass Dritte unabsichtlich Einsicht nehmen können. Leider ist nach wie vor in vielen Arztpraxen beispielsweise der Empfangsraum so angelegt, dass unbeteiligte Dritte sehr leicht beim Gespräch zwischen Patient und Sprechstundenhilfe vertrauliche Patienteninformationen mithören können. Oder Patienten, die unmittelbar vor dem Sprechzimmer warten, werden durch ungenügende Schallisolierung der Türen Zeuge von vertraulichen Arzt-Patienten-Gesprächen. Unhaltbar sind diese Zustände dort, wo Ärzte im Zuge einer vermeintlich rationelleren Patientenbehandlung einzelne Behandlungsstühle lediglich durch Vorhänge trennen. Problematisch ist die Situation häufig in Mehrbettzimmern im Krankenhaus. Sie sollten sich nicht scheuen, die Ihnen zustehende Intimität bei Behandlungen oder Besprechungen einzufordern.

Die Schweigepflicht besteht grundsätzlich auch gegenüber anderen Ärzten. Dies ist zum Beispiel wichtig, wenn Patienten sich eine sogenannte zweite Meinung (→ Seite 67) bei einem anderen Arzt einholen und nicht wollen, dass ihr eigentlicher Arzt davon erfährt. Die Schweigepflicht gilt ferner gegenüber

---

Keine Gesundheitsdaten an Dritte

Krankenkassen dürfen ohne Zustimmung des Versicherten keine Gesundheitsdaten an Dritte, etwa Arbeitgeber oder Arbeitsämter, weitergeben oder bei Dritten Erkundigungen einziehen. Wenn sie dies trotzdem machen, wird es oft nur durch Zufall bekannt. Hat man einen entsprechenden Verdacht, kann man die Kasse auffordern umfassend Auskunft zu geben, welche Daten über einen gespeichert sind und welche Auskünfte von wem eingeholt oder an wen weitergeben worden sind. Diese Auskunft darf die Kasse nicht verweigern (BSG, Urteil vom 12.11.2012, Az. B1KR 13/12 R).

Bescheinigung der Arbeitsunfähigkeit

Gegenüber dem Arbeitgeber eines Patienten ist der Arzt lediglich befugt, im Rahmen des derzeit gültigen Krankmeldeformulars eine bestehende Erkrankung festzustellen, nicht jedoch Art und Umfang der Erkrankung. Für Privatpatienten gibt es kein Formular, hier reicht die Bescheinigung auf einem Rezeptvordruck aus. Es dürfen ebenfalls nur Anfangs- und voraussichtliches Enddatum der Erkrankung mitgeteilt werden.

Angehörigen des Patienten. Ohne ausdrückliche Erlaubnis des Patienten dürfen also Ehepartner oder Kinder älterer Patienten keine Informationen erhalten. Selbstverständlich muss der Arzt gegenüber seinen Angehörigen ebenso die Verschwiegenheit wahren.

Welche Daten erhalten die gesetzlichen Kassen?

Grundsätzlich gibt der Arzt der Krankenkasse keine Informationen. Die Kasse darf Patientendaten nur im Einzelfall im Rahmen ihrer gesetzlichen Aufgaben anfordern: Wenn also ein Patient einen Rollstuhl, Zahnersatz oder eine andere Leistung beantragt, deren Bewilligung an bestimmte Voraussetzungen geknüpft ist, kann die Kasse die erforderlichen Daten vom Arzt bekommen. Wehrt sich ein Patient gegen diese Datenübermittlung, darf die Kasse die Leistung verweigern. Auch wenn Kassen das Abrechnungsverhalten einzelner Ärzte überprüfen, dürfen sie in diesem Zusammenhang Patientendaten einsehen. Das Gleiche gilt für den Medizinischen Dienst der Krankenversicherung (MDK), wenn er beispielsweise in Pflegeheimen Qualitätsprüfungen durchführt.

Patienten haben Anspruch auf weitestgehenden Schutz ihrer persönlichen Daten. Das fängt bereits beim Namen des Patienten an, den der Arzt keinem Unbefugten nennen darf. Auch die Daten Minderjähriger sind geschützt – es kommt jedoch auf den Umfang ihrer Einsichtsfähigkeit an. Generell wird diese Einsichtsfähigkeit ab dem 16. Lebensjahr angenommen, in Einzelfällen bereits vorher. Ein Frauenarzt ist also nicht befugt, den Eltern einer 16-jährigen Patientin mitzuteilen, dass die Tochter in Behandlung ist oder dass die Tochter ein empfängnisverhütendes Mittel nimmt. Bei Unter-16-Jährigen wird der Arzt das Maß der Vertraulichkeit einerseits von der Einsichtsfähigkeit der Patientin und andererseits von der Relevanz der Information abhängig machen. So dürfte er beispielsweise den Eltern nicht offenbaren, dass eine 15-Jährige ein Verhütungsmittel haben möchte, während er eine Schwangerschaft bei einer 14-Jährigen unter Abwägung aller Umstände möglicherweise den Eltern mitteilt. Idealerweise versucht der Arzt aber, die minderjährige Patientin davon zu überzeugen, ihn von der Schweigepflicht zu befreien.

Nach dem Tod eines Patienten besteht die ärztliche Schweigepflicht fort. Und wenn der Patient den Arzt nicht bereits vor seinem Tod von der Schweigepflicht für bestimmte Fälle entbunden hat, ist der Arzt zunächst nicht berechtigt, den Angehörigen oder Erben Informationen aus den Krankenunterlagen mitzuteilen. Allerdings kann in solchen Fällen auch eine »unterstellte mutmaßliche Einwilligung des Patienten« infrage kommen, zum Beispiel dann, wenn keine Verletzung von Persönlichkeitsrechten des Verstorbenen zu befürchten ist, sondern finanzielle Interessen gegenüber Versicherungen durchgesetzt werden sollen oder wenn es um Erbauseinandersetzungen geht. Dies gilt auch, wenn die Erben mögliche Schadenersatzforderungen aus Behandlungsfehlern geltend machen.

Entbindung von der Schweigepflicht
Die ärztliche Schweigepflicht darf nur in ganz wenigen Fällen durchbrochen werden. Im Normalfall willigt der Patient ausdrücklich in die Weitergabe bestimmter Informationen an genau bezeichnete Dritte ein. Eine solche »Schweigepflichtentbindung« bedarf keiner besonderen Form. Patienten sollten aber darauf achten, dass sie möglichst genau abgefasst ist, also den Zweck und den Umfang regelt sowie den Adressaten benennt.

Musterbrief:

Entbindung von der Schweigepflicht

Hiermit entbinde ich Herrn Dr./Frau Dr. ... von der ärztlichen Schweigepflicht und erlaube die Mitteilung meiner Patientendaten an ... (Krankenversicherung, Lebensversicherung, Unfallversicherungsträger, Jugendamt etc.), soweit sie zur Bearbeitung des Anliegens erforderlich sind. Bitte leiten Sie mir eine Kopie Ihrer Auskunft zu.

Mit freundlichen Grüßen

Unterschrift

[ ] Tipp

Besondere Vorsicht ist geboten, wenn Versicherungsunternehmen Auskünfte von Ihnen erhalten wollen. Bevor ein Vertrag geschlossen wird, verlangen private Kranken-, Lebens-, Berufsunfähigkeits- oder Unfallversicherungen oft, dass Sie die behandelnden Ärzte von der Schweigepflicht entbinden. Achten Sie darauf, dass lediglich die für die Begründung dieses Versicherungsverhältnisses erforderlichen Daten übermittelt werden.

Wenn also eine Versicherung danach fragt, welche Erkrankungen in den letzten fünf Jahren bestanden haben, sollte sich aus den ärztlichen Unterlagen nicht auf Erkrankungen aus den davorliegenden Zeiträumen schließen lassen, soweit diese nicht in den angefragten Zeitraum nachwirken. Sicherheitshalber sollten Sie von allen Angaben des Arztes eine Kopie verlangen. Nicht selten gibt es nämlich Streit darüber, ob der Versicherte bestimmte Vorerkrankungen innerhalb bestimmter Zeiträume korrekt angegeben hat. Mit den Kopien können Sie dann beweisen, in welchem Umfang Sie Ihren Auskunftspflichten nachgekommen sind.

Damit privatärztliche Verrechnungsstellen oder Inkassobüros eingeschaltet werden können, muss der Patient den Arzt ausdrücklich von der Schweigepflicht entbinden. Ist dies nicht geschehen, kann der Arzt nicht über diese Verrechnungsstellen seine Privatrechnung abrechnen, sondern muss sie selbst stellen, wenn er sein Geld erhalten möchte (→ Seite 52 ff.).

Ausnahmen von der Schweigepflicht

Ein Arzt darf die Schweigepflicht brechen, wenn er von einer mutmaßlichen Einwilligung des Patienten ausgehen kann. Das ist immer dann der Fall, wenn die Interessen des Patienten an der Offenbarung der Information höher zu bewerten sind als der Schutz der entsprechenden Information. Auch bei bewusstlosen Patienten kann es in deren Interesse liegen, wenn Angehörige oder andere Dritte bestimmte Informationen erhalten.

Meldepflichten

In einigen Fällen muss der Arzt aufgrund anderer gesetzlicher Vorschriften Patienteninformationen weiterleiten. Meldepflichten gibt es etwa nach dem Bundesseuchengesetz für Tuberkulose und Diphtherie. HIV-Infektionen hingegen werden nur der Zahl nach erfasst, aber nicht namentlich. Keine Mitteilungspflichten bestehen für einen Arzt gegenüber der Polizei und anderen Strafverfolgungsbehörden oder in Gerichtsverfahren. Nur wenn er von geplanten Verbrechen erfährt oder eine erhebliche Wiederholungsgefahr besteht, muss er darüber informieren. Beispielsweise ist eine Frauenärztin nicht berechtigt, Anzeige bei der Polizei zu erstatten, wenn sie während einer Behandlung feststellt, dass die Patientin kürzlich einen illegalen Schwangerschaftsabbruch hat vornehmen lassen.

Eine schwierige Situation liegt für Ärzte immer dann vor, wenn sie Kenntnis von Missbrauchs- oder Misshandlungsfällen bei Kindern erlangen. Eine Güterabwägung wird jedoch in aller Regel zugunsten der Gesundheit des Kindes ausfallen, sodass die Schweigepflicht des Arztes zu einer Offenbarungspflicht wird. Unterlässt der Arzt diese Offenbarung, macht er sich unter Umständen sogar strafbar.

Nach Abwägung aller Interessen darf ein Arzt die Schweigepflicht verletzen, um sogenannte höherrangige Rechtsgüter
zu schützen. Er muss dabei stets die Einsichtsfähigkeit des
Patienten berücksichtigen. Wenn beispielsweise ein Patient
Medikamente erhält, die seine Fahrtüchtigkeit herabsetzen,
so darf der Arzt dies keineswegs von sich aus den Straßen-
verkehrsbehörden melden. Erst wenn er erfährt, dass der
Patient trotz seiner Hinweise weiterhin am Straßenverkehr
teilnimmt und sich auch nach einem Gespräch nicht ein-
sichtsfähig zeigt, muss der Arzt zum Schutz der Interessen
der übrigen Verkehrsteilnehmer die Verkehrsbehörden oder
die Polizei informieren.

Ähnlich liegt der Fall bei der Information von Angehörigen
über hoch ansteckende Erkrankungen des Patienten, wenn
dieser sich weigert, Schutzmaßnahmen zu ergreifen oder seine Angehörigen zu informieren.

! Urteil

Entschieden wurde beispielsweise der Fall einer Frau, die einen
Arzt angezeigt hatte, weil er sie nicht über die Aidserkrankung
ihres Ehemanns informiert hatte. Der Ehemann hatte dem
Arzt ausdrücklich die Weitergabe dieser Information untersagt, dem Arzt aber auch mitgeteilt, dass er seiner Frau nichts
erzählen wolle. Das Oberlandesgericht Frankfurt bejahte die
Auskunftspflicht des Arztes, weil er in einer Güterabwägung
die Interessen der Frau hätte höher stellen müssen als die des
Betroffenen, zumal dieser sich uneinsichtig gezeigt hatte. Eine
Besonderheit dieses Falles bestand überdies darin, dass die
Ehefrau bei demselben Arzt in Behandlung war. Somit hatte
nach Auffassung des Gerichts eine erhöhte Informationsver-
pflichtung gegenüber der eigenen Patientin bestanden. (OLG
Frankfurt a. M., Urteil vom 5.10.1999, Az. 8 U 67/99). Eine
solche Abwägung ist für Ärzte in manchen Fällen sehr schwer
vorzunehmen und mit erheblichen haftungsrechtlichen Risiken
verbunden. Im oben genannten Fall wurde der Arzt nur deshalb
nicht zu Schadenersatz verurteilt, weil nicht auszuschließen
war, dass die Frau bereits vor der möglichen Information durch
den Arzt von ihrem Ehemann mit HIV infiziert worden war.

Pflicht zur Dokumentation

Eine Nebenpflicht aus dem Behandlungsvertrag ist die Dokumentation. Diese Aufzeichnung und Sammlung von Daten über einen speziellen Patienten muss die Anamnese, die vorgetragenen Beschwerden des Patienten, die Diagnose und Behandlung sowie das Ergebnis enthalten. Kommt es zu operativen Eingriffen, muss auch der Verlauf der Operation dokumentiert werden. Nach der Rechtsprechung umfasst dies die Aufklärung, den Operationsbericht, das Narkoseprotokoll, eventuelle Zwischenfälle, Wechsel des Operateurs, Maßnahmen zur Kontrolle von auszubildenden Ärzten und die intensivpflegerischen Maßnahmen – also umfassend alle Daten zu diesem Patienten, dazu gehören auch Arztbriefe anderer Ärzte.

Der Arzt kann die Aufzeichnungen auch in Stichworten oder in elektronischer Form führen; es kommt nur darauf an, dass der nachbehandelnde Arzt sie versteht. Besonders bei Anfängern muss jeder Eingriff genauestens dokumentiert werden. Nachträgliche Änderungen müssen so vorgenommen werden, dass die alten Einträge sichtbar bleiben (§ 630f Abs. 1 BGB). Dies soll Aktenverfälschungen erschweren. Alle Unterlagen sind mindestens zehn Jahre zu verwahren, wenn medizinische Gründe dafür sprechen, auch länger. Röntgenunterlagen müssen sogar dreißig Jahre aufgehoben werden. Diese Pflicht besteht weiter, auch wenn die Praxis mittlerweile aufgegeben oder das Krankenhaus geschlossen wurde. In solchen Fällen ist die zuständige Ärztekammer zur Aufbewahrung verpflichtet.

Kommt ein Arzt oder ein Krankenhaus den Dokumentationspflichten nicht nach, kann dies zu einem Schadenersatzanspruch des Patienten führen. Wie bei allen Schadenersatzansprüchen muss der Patient allerdings einen unmittelbar durch die fehlerhafte Dokumentation entstandenen Schaden darlegen. Das wäre zum Beispiel der Fall, wenn eine Versicherung die Behandlungskosten nicht erstattet, weil die eingereichten Unterlagen fehlerhaft sind oder den Behandlungsverlauf nicht ausreichend dokumentieren.

Geht es in einem Streit um andere Schäden, die aus einem vermeintlichen Fehler des Behandlers resultieren, ist die fehlerhafte oder fehlende Dokumentation allein nicht haftungsbegründend. In einem Verfahren würde dann aber unterstellt, dass keine Aufklärung stattgefunden hat (§ 630h Abs. 3 BGB), es sei denn, der Arzt kann das Gegenteil beweisen. Gelingt ihm das nicht, ändert sich die Beweislast für das Vorliegen eines Behandlungsfehlers zugunsten des Patienten.

❰ ❱ Beispielfall

Oliver K. wird operiert. Dabei wird ein großes Blutgefäß verletzt. Der Patient liegt wesentlich länger als geplant in der Klinik, schließlich muss eine zweite Operation vorgenommen werden. Oliver K. verklagt die Klinik auf Ersatz des Verdienstausfalls, der ihm entstanden ist, und auf Schmerzensgeld. Die Klinik behauptet, dass die Verletzung des Gefäßes bei derartigen Operationen zum allgemeinen Risiko gehört und keinesfalls ein Fehler des Operateurs vorliegt. Leider sei die Patientenakte verloren gegangen.

Oliver K. kann aufgrund der mangelnden Dokumentation den Fehler nicht beweisen. Da dies aber nicht sein Verschulden war, legt – wie in solchen Fällen üblich – das Gericht der Klinik die Pflicht auf, zu beweisen, dass trotz der fehlenden Dokumentation kein Fehler entstanden sein kann. Die Erfolgsaussichten eines Verfahrens erhöhen sich so außerordentlich, denn ohne Unterlagen gelingt auch der Klinik dieser Beweis nur schwerlich.

Das Einsichtsrecht des Patienten

Obwohl das Einsichtsrecht des Patienten in die über ihn geführte Dokumentation juristisch seit Langem anerkannt ist, kommt es in der Praxis immer wieder zu Fällen, in denen der Arzt die Einsichtnahme verweigert. Patienten sollten sich nicht scheuen, auf diesem Recht zu bestehen.

! Juristisch gut begründet

Das Einsichtsrecht in die eigene Krankenakte ergibt sich aus einer Vielzahl juristischer Quellen:

Im Vordergrund steht der Arzt-Patienten-Vertrag, der als eine der vertraglichen Nebenpflichten auch ein Akteneinsichtsrecht beinhaltet. Dieses Recht wird im neuen Patientenrechtegesetz in § 630g BGB geregelt.

Ein grundsätzlicher Anspruch auf Einblick in eine in fremdem Besitz befindliche Urkunde, und darum handelt es sich bei einer Patientendokumentation, resultiert aus § 810 BGB.

Da heute Informationen über Patienten in aller Regel bereits elektronisch in Computerprogrammen festgehalten werden, ergibt sich ein Recht auf Einsichtnahme zudem aus den Datenschutzgesetzen, zum Beispiel aus den §§ 19 und 34 Bundesdatenschutzgesetz (BDSG).

Über all diesen rechtlichen Regelungen besteht ein verfassungsrechtlicher Anspruch auf das sogenannte Recht zur informationellen Selbstbestimmung, das das Bundesverfassungsgericht aus den Grundrechten entwickelt hat.

Als Patient müssen Sie Ihren Wunsch nach Akteneinsicht nicht begründen. Sofern der Arzt die Originalunterlagen nicht herausgeben möchte, lässt er Kopien anfertigen, die Sie bezahlen müssen. Dabei kann der Arzt Kosten in Höhe von 50 Cent pro kopierter Din-A4-Seite geltend machen. Röntgenbilder und Ähnliches, die ein Patient benötigt, um bei einem anderen Arzt erneute Aufnahmen zu vermeiden, muss der Arzt herausgeben, wenn der Patient sich zur Rückgabe verpflichtet.

Es gibt aber auch Einschränkungen bei der Einsichtnahme. Das Einsichtsrecht umfasst grundsätzlich alle objektiven Daten, die über einen Patienten erhoben wurden. Der Arzt kann also subjektive Einschätzungen, die mit dem Krankheits-

[ ] Tipp

Wenn Sie Probleme haben, Akteneinsicht zu bekommen, sollten Sie – bevor Sie auf Herausgabe oder Einsichtnahme der Dokumente klagen – zunächst versuchen, über die zuständige Ärztekammer oder über den Landesdatenschutzbeauftragten (Adressen → Seite 192 ff.) Druck auf den Arzt auszuüben. In den meisten Fällen wird der Arzt nachgeben, wenn er von diesen Stellen angeschrieben worden ist.

verlauf nicht unbedingt etwas zu tun haben, zurückhalten oder in einer Kopie unkenntlich machen. Zu beurteilen, wie weit solche subjektiven Äußerungen gehen oder was als objektiv zu werten ist, kann sehr schwierig sein. Eine Bemerkung, der Patient zeige großen Widerstand und folge den ärztlichen Anweisungen nicht, wird wohl in diesen subjektiven Bereich gehören. Einschätzungen des Arztes bezüglich der Diagnose oder Überlegungen zu alternativen Therapien gehören dagegen in die Dokumentation; das gilt auch, wenn der Arzt diese später aufgegeben hat. Es kann nämlich für folgende Behandlungen wichtig sein, den Weg zur Diagnose nachvollziehen zu können.

In seltenen Fällen kann der Arzt aus therapeutischen Gründen die Einsichtnahme verweigern, insbesondere bei psychiatrischen und psychotherapeutischen Behandlungen kommt dies infrage (→ Seite 129). Leider ist die bislang für den Arzt bei einer solchen Verweigerung bestehende Begründungspflicht mit dem Patientenrechtegesetz entfallen. Weigert sich der Arzt mit dieser Begründung, sollten Sie ihm anbieten, die Akteneinsicht durch eine von Ihnen benannte Vertrauensperson vornehmen zu lassen. Verweigert er auch dies, können sie Patientenorganisationen, einen Anwalt, die Landesdatenschutzbeauftragten oder die Ärztekammer einschalten.

Falls ein Patient stirbt, geht das Einsichtsrecht auf die Erben über (§ 630g Abs. 3 BGB). Der Arzt muss dann abwägen zwischen dem nachwirkenden Persönlichkeitsschutz des Verstorbenen und dessen Anspruch auf Geheimhaltung einerseits und den Interessen der Erben andererseits. Hat der Patient ausdrücklich vor seinem Tod seinen Willen zur Geheimhaltung (auch über den Tod hinaus) geäußert, ist dies vorrangig zu berücksichtigen. Sofern die Erben die Unterlagen für ein Schadenersatzverfahren benötigen, müssen sie ihr Interesse begründen. Wird das Einsichtsrecht für die Vorbereitung einer Strafanzeige benötigt, haben auch nächste Angehörige, die

Musterbrief:

Einschreiben/Rückschein

Sehr geehrte(r) …,

Alternative 1

hiermit bitte ich darum, mir die Röntgenaufnahmen (oder andere bildgebende Verfahren) meiner Behandlung aus den Jahren … bis … zu überlassen. Sie können mir die Originale gegen Portoerstattung zusenden oder zur Abholung bereitstellen. Sobald die Unterlagen nicht mehr benötigt werden, werde ich sie Ihnen unverzüglich zurückgeben.

Alternative 2

(zum Beispiel zur Prüfung eventueller Behandlungsfehler, am besten ziehen Sie hier bereits einen Anwalt oder eine Beratungsstelle hinzu)

hiermit erbitte ich gem. § 630g BGB Einsicht in die vollständigen Behandlungsunterlagen, soweit sie meine Behandlung bei Ihnen aus den Jahren … bis … betreffen. Dies schließt auch alle ergänzenden Unterlagen wie Laborbefunde, Röntgenbilder und Ähnliches ein.

Sie können mir aber auch gern Kopien überlassen, soweit diese die entsprechenden Unterlagen vollständig und lesbar wiedergeben. Für die Kosten werde ich im üblichen Rahmen aufkommen.

Bitte bestätigen Sie mir in jedem Fall die Vollständigkeit der überlassenen Unterlagen.

Für Ihre Bemühungen bedanke ich mich bereits jetzt.

Mit freundlichen Grüßen

Datum, Unterschrift

nicht Erben sind, einen Anspruch auf Einsichtnahme in die
Akten (BGH, Urteil vom 31.5.1983, Az. VI 2 R 259/81).

Recht auf Aufklärung und Information

Um einen Behandlungserfolg zu erzielen, muss zwischen
Arzt und Patient ein vertrauensvolles Verhältnis bestehen.
Schon aus diesem Grund muss der Arzt den Patienten über
Art und Umfang sowie Nebenwirkungen, Risiken und Alter-
nativen seiner Behandlung informieren. Zumeist kann der
Patient auch nur dann an der Behandlung mitwirken, wenn
er umfassend Bescheid weiß. So lösen zwar viele Patienten
ihre Rezepte in der Apotheke ein, aber nicht immer wenden
sie die Medikamente an. Jährlich werden so Medikamente im
Wert von mehreren Milliarden Euro vernichtet: letztlich das
Ergebnis eines mangelnden Vertrauens, das wiederum durch
unzureichende Aufklärung und Information entsteht.

Daneben bestehen handfeste rechtliche Verpflichtungen zur
Aufklärung und Information. Dies wird deutlich, wenn man
den Behandlungsverlauf betrachtet. Ein Eingriff in die körperliche Unversehrtheit – grundsätzlich schon jede Spritze –
könnte eine Körperverletzung darstellen. Im Unterschied zu
einer Stichverletzung im Rahmen eines Streits wird das Straf-
recht aber gerade dadurch ausgeschaltet, dass der Patient
bei der Injektion mit einer Spritze in die »Körperverletzung«
eingewilligt hat. Die Aufklärung ist deshalb so wichtig, weil
der Patient nur dadurch das notwendige Wissen erhält, um
»wirksam« zu entscheiden, ob er die Behandlung an seinem
Körper gestattet.

Aufklärungspflichten ergeben sich aus § 630e BGB. Eine Verletzung der Aufklärungspflichten wird vor allem dann für den
Patienten wichtig, wenn aufgrund einer mangelhaften oder
unterbliebenen Aufklärung ein Eingriff erfolgt ist, der problematische Auswirkungen für ihn hat.

Wer muss aufgeklärt werden?
Grundsätzlich muss jeder Patient über Art und Umfang seiner
Behandlung aufgeklärt werden. Schwierig ist es, wenn der
Patient nicht in der Lage ist, eine Aufklärung zu verstehen
oder zu erfassen. Dies kann der Fall sein,

■ wenn er zu jung oder aufgrund geistiger oder psychischer
  Erkrankungen nicht in der Lage ist, Erklärtes zu verstehen,
■ wenn er der deutschen Sprache nicht mächtig ist oder
■ wenn er bewusstlos ist.

Kinder und Jugendliche
Bei noch nicht volljährigen Kindern müssen die Sorgeberech-
tigten, das sind in der Regel die Eltern, aufgeklärt werden.
Nur sie können wirksam in die Behandlung einwilligen. Wenn
Eltern – wie meist – das gemeinsame Sorgerecht haben, müssen beide Elternteile einer Behandlung zustimmen. Für Rou-
tinebehandlungen beim niedergelassenen Arzt und auch für
einfache Eingriffe im Krankenhaus reicht den behandelnden
Ärzten jedoch die Einwilligung eines Elternteils aus, wenn
kein Anlass besteht, daran zu zweifeln, dass auch der zweite Elternteil oder Sorgeberechtigte zugestimmt hätte. Bei
schwerwiegenden Eingriffen, die mit großen Risiken behaftet
sind, muss jedoch stets auch der zweite Elternteil in die Maßnahme einwilligen.

Mit fortschreitendem Alter haben Kinder und Jugendliche
das Recht, Informationen über die Art ihrer Behandlung zu
erhalten. Wenn die Eltern gegen den Willen des Jugendlichen
eine bestimmte Behandlung vornehmen lassen wollen (oder
die Jugendlichen einen Eingriff vornehmen lassen wollen,
dem die Eltern nicht zustimmen), darf der Jugendliche je nach
Art und Umfang des Eingriffs sowie nach seiner individuellen
Reife und Einsichtsfähigkeit selbst bestimmen. Unter Umständen kann von allen Beteiligten das Betreuungsgericht
angerufen werden.

Patienten ohne deutsche Sprachkenntnisse

Bei Patienten ohne ausreichende Kenntnisse der deutschen Sprache muss der Behandelnde sicherstellen, dass sie zumindest in groben Zügen über die Behandlung informiert sind, damit sie wirksam einwilligen können. Der Arzt muss abwägen, ob eine Behandlung so dringlich ist, dass kein Dolmetscher mehr hinzugezogen oder eine andere Verständigungsmöglichkeit gewählt werden kann. Das Sprachproblem ist im Alltag erheblich. Nur sehr wenige Kliniken haben systematisch aufgebaute Dolmetscherdienste für den Fall, dass die Angehörigen nicht übersetzen können. Ärzte, Kliniken und Patienten können über www.ethno-medizinisches-zentrum.de Dolmetscherdienste finden.

Patienten, die nicht aufgeklärt werden können

Besonders schwierig ist die Situation bei Patienten, die entweder gar nicht bei Bewusstsein sind oder aufgrund von Erkrankungen oder Alterungsprozessen nicht in der Lage sind, eine Aufklärung zu verstehen bzw. dieser wirksam zuzustimmen. In diesen Fällen ist es nicht etwa so, dass Angehörige die Entscheidung für den Patienten treffen können. Sie können sich lediglich dazu äußern, wie der Patient wohl entschieden hätte, wenn er in der Lage wäre, selbst einzuwilligen. Lediglich wenn ein Betreuer bestellt oder von dem Patienten ein Bevollmächtigter ernannt ist, sind Dritte in der Lage, für den Patienten unmittelbar Entscheidungen zu treffen und Einwilligungen zu geben (→ Seite 120 ff.).

Ausnahmen von der Aufklärungspflicht

Bei schwerwiegenden Erkrankungen, die mit einer dauerhaften Beeinträchtigung der Lebensqualität verbunden sind oder kurzfristig zum Tode führen, kommt es vor, dass Ärzte nicht über die Diagnose aufklären. Ein solches Vorgehen ist zulässig, wenn der Arzt belegen kann, dass die Aufklärung selbst für den Patienten zu einem Schaden führen könnte: Etwa wenn einem selbsttötungsgefährdeten Patienten eine schlimme Diagnose mitgeteilt werden müsste. Oder wenn

zu erwarten ist, dass ein Patient wegen möglicher Komplikationen bei einem harmlosen Eingriff – über die er informiert
werden müsste – die für ihn wichtige Operation aus überzo-
gener Angst unterlassen würde. Insgesamt muss jedoch immer das Interesse des Patienten im Vordergrund stehen. Ein
Arzt darf nicht deshalb eine Aufklärung unterlassen, weil er
sich nicht mit den psychischen Auswirkungen der Mitteilung
belasten möchte oder keine Zeit für weitere nachsorgende
Gespräche hat. Weigert sich ein Arzt, seiner Verpflichtung
nachzukommen, können Patienten im Krankenhaus das Gespräch mit dessen Vorgesetzten suchen. In der niedergelassenen Praxis bleibt nur die Möglichkeit, den Arzt zu wechseln.

Grundsätzlich erfordert das Persönlichkeitsrecht des Patienten eine möglichst weitreichende Aufklärung. Nur in begründeten Ausnahmefällen kann davon abgesehen werden. Das
gilt zum Beispiel, wenn ein Patient nicht aufgeklärt werden
möchte, etwa weil er Angst vor der Diagnose hat. Hier geht
der Wunsch des Patienten vor – es gibt sozusagen ein Recht
auf Nichtwissen.

Kommt der Patient durch eine übertriebene, schonungslose
oder dramatisierende Darstellung seiner Erkrankung und
ihrer Folgen zu einem Schaden, so kann sich auch daraus ein
Anspruch auf Schadenersatz ergeben.

Wer muss aufklären?
Aufklären muss ein Arzt. Er kann diese Aufgabe nicht an eine
Sprechstundenhilfe oder die Pflegemitarbeiter delegieren.
Der Arzt muss über die erforderliche Sachkenntnis verfügen;
deshalb ist es grundsätzlich sinnvoll, wenn bei einer Ope-
ration der operierende Arzt selbst die Aufklärung vornimmt.
Zwingend notwendig ist dies jedoch nicht, ein sachkundiger
Kollege kann dies übernehmen. Wegen der erforderlichen
Sachkenntnis wird bei Operationen außer dem Operateur
auch noch ein Anästhesist den Patienten über das Verfahren
und die Risiken der Anästhesie (Betäubung) informieren.

Wenn die aufklärenden Ärzte nicht zugleich die behandelnden Ärzte sind, müssen sie auf diesen Umstand hinweisen.
Denn es muss deutlich werden, dass sich die Einwilligung
des Patienten nicht nur auf die Ärzte bezieht, mit denen er
gesprochen hat. Privatpatienten gehen häufig davon aus,
dass sie vom Chefarzt behandelt werden. Wenn der Patient
aufgrund des Aufklärungsgesprächs davon ausgehen musste, gilt seine Einwilligung dann auch nur für die Behandlung
durch den Chefarzt. Anders ist die Lage, wenn die Operation
durch ein Ärzteteam vorgenommen, die Aufklärung aber nur
von einem Arzt geleistet wird. Sofern der Patient wusste,
dass mehrere Ärzte ihn behandeln werden, bezieht seine Zustimmung in die Operation alle am Eingriff beteiligten Ärzte
ein.

Art und Form der Aufklärung

Während das Aufklärungsgespräch beim niedergelassenen
Arzt in aller Regel mündlich erfolgt, ist es in Kliniken üblich,
vor Operationen schriftliche Unterlagen auszuhändigen. Das
kann sinnvoll sein, wenn die Unterlagen so abgefasst sind,
dass die Patienten sie nachvollziehen und verstehen können.
Solche schriftlichen Informationen ersetzen aber in keinem
Fall ein persönliches Gespräch mit einem Arzt – zu unterschiedlich sind Vorbildung oder Erfahrungen einzelner Patienten, als dass ihre Fragen mit einer Broschüre beantwortet
werden könnten. Ebenso wenig reicht aus, wenn der aufklä-
rende Arzt lediglich erfragt, ob der Patient das Informations-

[ ] Tipp

Lassen Sie sich die schriftlichen Materialien rechtzeitig vor dem
Aufklärungsgespräch geben, damit Sie diese in Ruhe lesen und
Ihre Fragen im Gespräch mit dem Arzt klären können. Ziehen
Sie bei Bedarf eine Person Ihres Vertrauens zum Aufklärungsgespräch hinzu. Lassen Sie sich eine Kopie der Unterlagen und
der Einwilligungserklärung aushändigen, damit Sie im Fall einer
misslungenen Behandlung nachschauen können, in was Sie
eingewilligt haben.

material verstanden habe oder ob noch weitere Fragen bestünden.

Die Einwilligung des Patienten muss nicht in einer bestimmten Form geschehen. Sie wird in der Arztpraxis in der Regel mündlich erteilt; im Krankenhaus hingegen ist es üblich, dass die Patienten ein Aufklärungsformular unterschreiben. Da ein solches Formular die persönliche Aufklärung nicht ersetzt, reicht die Unterschrift auf einem Formular auch nicht aus, um eine erfolgte Aufklärung zu dokumentieren. Im Streitfall wird die Klinik beweisen müssen, dass auch ein persönliches Aufklärungsgespräch stattgefunden hat.

Umfang der Aufklärung
Wie weit eine Aufklärung gehen muss, richtet sich nach dem einzelnen Patienten. Seine Bedürfnisse nach Information, seine Vorbildung, die Schwere der Erkrankung oder des Eingriffs sind der Maßstab. Folgende Punkte müssen jedoch stets vom Arzt selbst angesprochen werden:
- die konkret vorgesehene Behandlung, auch in Abgrenzung zu möglichen Alternativen,
- die Risiken, die mit einer Maßnahme verbunden sind,
- die Diagnose sowie
- der vermutlich weitere Verlauf der Erkrankung und der Behandlung.

Darüber hinaus muss der Arzt seine Patienten schriftlich über mögliche finanzielle Auswirkungen der Behandlung informieren. Ihn trifft eine »wirtschaftliche Aufklärungspflicht«. Das ist insbesondere dann der Fall, wenn bei gesetzlich versicherten Patienten Leistungen erbracht werden sollen, die die Kasse nicht übernimmt oder deren Übernahme zumindest fraglich ist. In § 630c Abs. 3 BGB ist dies nun ausdrücklich geregelt.

Der Zeitpunkt der Aufklärung

Die Aufklärung muss rechtzeitig erfolgen, sodass Sie die erhaltenen Informationen verarbeiten, abwägen und nötigenfalls noch weitere Informationen besorgen können. Ein genauer Zeitpunkt kann dafür nicht schematisch angegeben werden: Bei ambulanter Behandlung oder bei ungefährlichen Eingriffen, bei denen dem Patienten erwartungsgemäß die Entscheidung leicht fällt, kann die Aufklärung auch unmittelbar vor der Behandlung oder Operation liegen. Ähnlich verhält es sich im anderen Extremfall, wenn die Maßnahme dringend erforderlich ist, um eine akute Lebensbedrohung zu vermeiden. In diesen Fällen wird der Patient nicht lange überlegen müssen, um zu entscheiden. Bei Maßnahmen hingegen, die nicht unbedingt sofort erforderlich sind und zu denen es alternative Behandlungsmöglichkeiten gibt, ist die Aufklärung mehrere Tage vor dem geplanten Eingriff unerlässlich. Die Frist bemisst sich auch danach, wie kompliziert der Eingriff ist und wie groß die Risiken sind. Bei im Voraus geplanten Operationen bedeutet dies zum Beispiel, dass die Patienten bereits bei Festlegung des Operationstermins umfassend aufzuklären sind, damit sie sich bei anderen Ärzten nach Alternativen erkundigen können. Je wahrscheinlicher Komplikationen sind, desto eher muss eine Aufklärung über die verschiedenen Optionen erfolgen.

> **❗ Urteil**
>
> Eine schwangere Patientin, die zur Geburt eine Klinik aufsucht, ist bereits bei der Aufnahme über die Risiken eines Kaiserschnitts als mögliche Komplikation während einer normal verlaufenden Geburt aufzuklären. Dies darf nicht erst dann geschehen, wenn sich während der Niederkunft Komplikationen ergeben. Dann ist eine Patientin nämlich aufgrund des physischen und psychischen Ausnahmezustands oft nicht mehr in der Lage, sorgfältig erwogene Entscheidungen zu treffen (BGH, Urteil vom 16.2.1993, Az. VI ZR 300/91, und BGH, Urteil vom 17.2.1998, Az. VI ZR 42/97).

Folgen mangelhafter Aufklärung

Rechtliche Grundlage des Behandlungsvertrags sind die Willenserklärungen der Vertragspartner. Wenn ein Patient unzureichend oder gar nicht aufgeklärt wurde, hat er nicht wirksam in die Behandlung eingewilligt; der Vertrag wird damit unwirksam oder kommt gar nicht erst zustande. Die

wirtschaftliche Folge besteht darin, dass der Arzt seinen
Vergütungsanspruch verliert. In einem solchen Fall muss der
Patient oder die Krankenkasse nur die Leistungen bezahlen,
die zu einem Erfolg geführt haben bzw. nichts mit der mangelhaften Aufklärung zu tun haben. Andere bereits geleistete
Zahlungen können sie gegebenenfalls zurückfordern. Bei
Verstößen gegen die wirtschaftliche Aufklärungspflicht kann
der Patient auch die Kosten als Schadenersatz verlangen, die
ihm unmittelbar durch die mangelnde Information entstanden sind. Hat ein Arzt einem Patienten beispielsweise nicht
mitgeteilt, dass die gewählte Behandlung von den gesetzlichen Krankenkassen üblicherweise nicht übernommen wird,
so kann er die Behandlung dann nicht dem Patienten privat
in Rechnung stellen.

War die Aufklärung eines Patienten mangelhaft oder unter-
blieb sie sogar ganz, so haftet der Arzt für die Folgen. Selbst
wenn ein Eingriff korrekt durchgeführt wurde und keine
körperlichen Schäden eingetreten sind, macht sich der Arzt
schadenersatzpflichtig. Dieser Anspruch entfällt nur dann,
wenn der Arzt beweisen kann, dass der Patient auch bei ord-
nungsgemäßer Aufklärung in den Eingriff eingewilligt hätte.
Der Patient wiederum kann nicht einfach nur behaupten, er
hätte dann nicht zugestimmt, insbesondere wenn es sich um
eine Maßnahme handelte, in die »ein vernünftiger, einsichts-
fähiger Patient« eingewilligt hätte. Bestanden aber mehrere
Behandlungsalternativen, muss der Patient nur darlegen,
dass er sich bei erfolgter Aufklärung in einem Entscheidungs-
konflikt befunden hätte, und nicht etwa, wie er sich entschieden hätte (BGH, Urteil vom 11.12.1990, Az. VI ZR 151/90).

Besonders problematisch ist die Situation, wenn ein Patient
im Rahmen eines Eingriffs – nach mangelnder oder unterblie-
bener Aufklärung – zu Schaden kommt, weil die Behandlung
fehlerhaft durchgeführt wurde. Zunächst muss der Patient
beweisen, dass der Schaden tatsächlich durch die eigen-
mächtige Behandlung des Arztes eingetreten ist und keine

anderen Ursachen hatte. Gelingt es dem Arzt nun nicht zu belegen, dass der Patient bei korrekter Aufklärung in die Maßnahme eingewilligt hätte, haftet er. Der Patient erhält dann den Schaden ersetzt, den er durch die unzulässige Behandlung erlitten hat.

❮ ❯ Beispielfall

Helmut K. unterzieht sich einer Kieferoperation. Danach sind verschiedene Gesichtsmuskeln gelähmt. Da der Patient vermutet, dass während der Operation Nerven verletzt worden sind, verklagt er den Zahnarzt. Im Prozess muss Helmut K. beweisen, dass die Nervenbeschädigung vermeidbar gewesen wäre. Das eingeholte Gutachten ergibt kein eindeutiges Bild. Die Verletzung der betreffenden Nerven gehört zu den möglichen Risiken dieser Operation. Auch erfahrene Operateure können sie bei Beachtung aller Sorgfalt nicht ausschließen. Somit wird die Klage abgewiesen.

Wenn Helmut K. den Arzt hingegen nicht wegen der Fehlbehandlung verklagt, sondern weil er nicht über die möglichen Folgen der Operation aufgeklärt worden ist, muss der Arzt beweisen, dass die Aufklärung im erforderlichen Umfang stattgefunden hat. Kann der Arzt nicht belegen, dass er über das Risiko einer dauerhaften Nervenschädigung informiert hat, ist der Eingriff rechtswidrig und der Arzt haftet für die Folgen. Er könnte jetzt nur noch versuchen zu beweisen, dass der Patient der Operation auch dann zugestimmt hätte, wenn er korrekt aufgeklärt worden wäre. Da es sich aber nicht um eine lebensbedrohende Erkrankung handelte, zu deren Behandlung vernünftigerweise keine Alternative bestanden hätte, kann Helmut K. glaubhaft machen, dass er bei Kenntnis derartiger Risiken von der Operation Abstand genommen hätte. So führt die Klage zum Erfolg.

Patienten können keinen Schadenersatz erlangen, wenn es auch ohne die unzulässige Behandlung zu dem Schaden gekommen wäre. Führt also ein Arzt eine Operation ohne ausreichende vorherige Aufklärung durch und der Patient stirbt nach dem Eingriff, können die Erben keinen Schadenersatz geltend machen, wenn der Patient aufgrund der Schwere der Erkrankung in jedem Fall verstorben wäre. Dies muss allerdings der Arzt beweisen. Insgesamt bedeutet eine mangelhafte Aufklärung im Streitfall für den Patienten, dass sich seine Chancen auf Schadenersatz wesentlich verbessern.

Der Notdienst

Die Kassenärzte sind verpflichtet, für den Zeitraum, der außerhalb der üblichen Sprechstunden liegt, einen Notdienst zu organisieren. Üblicherweise ist dies abends ab 18 Uhr sowie am Wochenende, feiertags und mittwochnachmittags der Fall. Verantwortlich für die Organisation dieses Notdienstes in einer Region ist die Kassenärztliche Vereinigung. Stellt sich heraus, dass zunehmend auch an anderen Tagen (beispielsweise freitagnachmittags) die regulären Praxen keine Sprechstunden mehr anbieten, muss der Notdienst ausgeweitet werden. Seit einiger Zeit gibt es eine bundesweit einheitliche Telefonnummer für den kassenärztlichen Notdienst, ohne Vorwahl und kostenlos: 116 117.

In einigen Regionen, vor allem in Großstädten, erfolgt der Notdienst in einer Notdienstpraxis mit mehreren Fachärzten verschiedener Fachrichtungen oder in Kooperation mit einer Krankenhausambulanz. In anderen Regionen müssen alle Kassenärzte reihum in ihren Praxen als Notdienst zur Verfügung stehen. Dort kann es passieren, dass ein hoch spezialisierter Facharzt, etwa ein Psychiater, einen internistischen Notfall versorgen muss. Patienten, die beim Besuch des ärztlichen Notdienstes den Eindruck haben, der Arzt sei unsicher oder handele nicht der Situation angemessen, sollten sich den Namen des Arztes aufschreiben und ihn nach seiner Facharztrichtung fragen. Unter Umständen kann es erforderlich sein, einen weiteren Arzt hinzuzuziehen oder eine Krankenhausambulanz aufzusuchen. Ein Arzt, der außerhalb seines Wissensstands handelt, macht sich dann haftbar, wenn ein Patient durch sein Handeln oder Unterlassen zu Schaden kommt.

Notdienst, Notfallambulanz oder Rettungsdienst?

Grundsätzlich zuständig für die Behandlung eines Notfalls ist zunächst der kassenärztliche Notdienst. Bei akuten, schweren Erkrankungen (Herzinfarkt, Schlaganfall) oder bei Unfällen können Betroffene natürlich sofort die Notfallambulanz der Krankenhäuser aufsuchen oder den Rettungsdienst (Notruf 112) in Anspruch nehmen. Die Kasse darf die Kostenübernahme nur dann verweigern, wenn der Betroffene klar hätte erkennen können, dass der Rettungswagen nicht erforderlich war, sondern der Notarzt oder eine Taxifahrt zu Klinik gereicht hätte.

Es kann durchaus vorkommen, dass der ärztliche Notdienst einen Hausbesuch verweigert, weil er ihn nicht für erforderlich hält. Dann sollten Sie zur Beweissicherung unbedingt den Namen des Arztes, die genaue Uhrzeit sowie den ungefähren Verlauf des Gesprächs festhalten. Grundsätzlich sind Ärzte des Notdienstes immer dann zu einem Hausbesuch verpflichtet, wenn der Eindruck entsteht, die Beschwerden seien so ernsthaft, dass sofortiges Handeln erforderlich und der Patient nicht in der Lage ist, eine Praxis aufzusuchen. Sofern mehrere Notfälle und Hausbesuche anstehen, muss der Arzt eine Reihenfolge nach Dringlichkeit festlegen und Patienten, die er nicht rechtzeitig erreichen kann, an ein Krankenhaus verweisen.

Haftung bei fehlendem Notdienst

Wenn ein Arzt einem Patienten einen Hausbesuch verweigert hat und dieser deshalb nicht rechtzeitig behandelt wurde, ist der Arzt für dadurch entstandene Schäden haftbar. Manchmal ist auch die Kassenärztliche Vereinigung verantwortlich, wenn sie es zum Beispiel versäumt hat, einen ärztlichen Notdienst überhaupt einzurichten, obwohl die Arzt-

---

Hausbesuch

Auch außerhalb der Notdienstzeiten sind Ärzte unter bestimmten Bedingungen verpflichtet, Hausbesuche zu machen. Dies betrifft besonders die Hausärzte: Sie müssen Patienten, die bei ihnen bereits in Behandlung sind, und andere, die im Einzugsbereich ihrer Praxis wohnen, zu Hause aufsuchen, wenn diese nach eigenem Bekunden nicht in die Praxis kommen können. Dabei kann der Arzt nach Dringlichkeit festlegen, wann er den Besuch macht. Fachärzte müssen nur die Patienten zu Hause aufsuchen, die bei ihnen in Behandlung sind und ein spezifisch fachärztliches Problem schildern.

praxen weitgehend geschlossen waren. In manchen Regionen ist es bereits freitagmittags nur sehr schwer möglich, eine geöffnete Arztpraxis zu finden. Da nämlich jeder niedergelassene Arzt sein Honorar aufgrund eines vorher festgelegten Anteils am Gesamthonorarvolumen (sogenannte Budgetierung) erhält, kann er absehen, ab wann sich bestimmte Behandlungen in diesem Quartal für ihn finanziell nicht mehr lohnen. Deshalb haben manche Ärzte ihre Arbeitszeit eingeschränkt. Unabhängig davon, ob dies grundsätzlich zulässig ist, muss die Kassenärztliche Vereinigung aufgrund der Verträge mit den Krankenkassen einen Notdienst einrichten, wenn eine Versorgung einer Region nicht mehr gewährleistet ist. Versäumt die Kassenärztliche Vereinigung dies und Patienten finden deshalb nicht rechtzeitig einen Arzt oder sie müssen deshalb einen Privatarzt aufsuchen, kann die Kassenärztliche Vereinigung der Region in Regress genommen werden. In einem Verfahren wird jedoch der Patient nachweisen müssen, dass kein Arzt zur Verfügung stand.

[ ] Tipp

Im Notfall, also bei sofortiger Behandlungsbedürftigkeit infolge einer Erkrankung oder eines Unfalls, können Sie sich auch als gesetzlich versicherter Patient von jedem Arzt oder im nächsten Krankenhaus behandeln lassen, unabhängig davon, ob diese eine Kassenzulassung haben oder nicht. Die Krankenkasse ist verpflichtet, die angefallenen Kosten zu erstatten. Sie kann allerdings prüfen, ob nicht doch ein Kassenarzt oder ein Vertragskrankenhaus hätte in Anspruch genommen werden können. »Überzogene Anforderungen« darf die Kasse dabei nicht stellen.

Unseriöse Notfalldienste

So wie es bei Handwerkernotdiensten immer wieder Ärger mit Anbietern gibt, die Notsituationen ausnutzen, indem sie für minderwertige Leistungen überhöhte Rechnungen ausstellen, hat es auch in der ärztlichen Notfallversorgung in den letzten Jahren Probleme gegeben. In den Branchenbüchern inserierten ärztliche Notdienste, die im Unterschied zur regulären kassenärztlichen Notfallversorgung keine kassenärztlichen Zulassungen hatten. Wenn ein gesetzlich versicherter Patient einen solchen Notdienst in Anspruch nimmt, kann er die teilweise sehr hohen Privatrechnungen nicht an seine Kasse weiterreichen. Bevor er die Rechnung begleicht, sollte er juristischen Rat einholen – auch wenn er in der Aufregung des Notfalls ein Schriftstück unterschrieben hat. Denn die Ärzte wären in jedem Fall verpflichtet gewesen, auf die Kosten deutlich hinzuweisen.

Wie der Arzt an sein Geld kommt

Krank sein ist teurer geworden. Ob Zuzahlungen oder privat
abgerechnete Leistungen für Mitglieder der gesetzlichen
Krankenkassen – immer wieder werden Patienten zur Kasse
gebeten. Gesetzlich Versicherte mit Chipkarte rechnen mit
dem Arzt nicht persönlich ab, sondern die Krankenkassen erfüllen den Honoraranspruch des Arztes.

Patientenquittung für mehr Transparenz

Damit gesetzlich versicherten Patienten die erbrachten Leistungen wenigstens ansatzweise transparenter werden, können sie
eine »Patientenquittung« verlangen. Diese kann unmittelbar
nach der Leistung oder quartalsweise eingefordert werden. Bei
der AOK kann man sich über das Internet registrieren lassen
und erhält dann Kostennachweise. Im Krankenhaus muss
die Quittung auf Verlangen bis zu zehn Tagen nach Ende des
Aufenthaltes – spätestens aber nach vier Wochen – ausgestellt
werden. Die Patienten müssen dafür 1 Euro pro Quartal nebst
Portokosten bezahlen. Der Nachweis soll erbrachte Leistungen
sowie die voraussichtlichen Kosten aufführen. Da die niedergelassenen Ärzte zum Zeitpunkt der Behandlung nicht wissen,
wie viel sie für diese Leistung erhalten werden, können lediglich die sogenannten Punktzahlen (→ Seite 62) angegeben werden. Damit ist die Quittung für Patienten nur wenig hilfreich.

Kostenerstattung statt Sachleistung?

Gesetzlich Versicherte haben die Möglichkeit, für ambulante
und/oder stationäre und zahnärztliche Leistungen das Kostenerstattungsverfahren zu wählen. Sie sind an die Wahl
dieses Verfahrens drei Monate gebunden. Eine Beschränkung
auf einzelne Leistungen oder einen einzelnen Arzt ist nicht
möglich. Die Versicherten bekommen dann vom behandelnden Arzt eine Privatrechnung, die sie bezahlen und an die
Krankenkasse zur Erstattung einreichen. Auch alles, was der
Arzt verschreibt (Medikamente, Krankengymnastik), muss zunächst aus eigener Tasche bezahlt werden und wird später –
nur teilweise – erstattet. Zuzahlungen fallen trotzdem an.

Die Krankenkasse übernimmt nur den Betrag, den die Behandlung nach dem Sachleistungsprinzip, also nach dem Gebührensatz der Krankenkassen, gekostet hätte. Die Behandler stellen aber ihre Rechnung in der Regel nach den – höheren – Gebührensätzen für Privatpatienten. Die Differenz zwischen Rechnungs- und Erstattungsbetrag müssen die Versicherten tragen. Zusätzlich ziehen die meisten Krankenkassen eine Verwaltungsgebühr von 5 bis 10 Prozent des Betrags, den sie erstatten, ab. Einige verzichten aber auch darauf oder bieten die Möglichkeit an, die Forderung des Arztes an sie abzutreten, um selbst mit ihm abzurechnen. Auch Patienten, die sich für die Kostenerstattung entschieden haben, dürfen weiterhin nur Ärzte mit Kassenzulassung in Anspruch nehmen. Genaueres zu Gebühren und Verfahren regeln die Kassen in ihren jeweiligen Satzungen.

Gelegentlich versuchen Ärzte, ihre Patienten zu diesem Verfahren zu drängen, mit dem Argument, ihnen stünden dann mehr Leistungen zur Verfügung. Bezogen auf die Leistungen ist das richtig. Der Arzt muss sich nicht mehr an die Kassenleistungen halten. Es entfällt aber zum einen auch die Qualitätssicherung der Kassen, vor allem aber kann es für den Patienten sehr teuer werden, da die Krankenkasse auch bei der Kostenerstattung nur die Leistungen anteilig ersetzen darf, die Gegenstand des Leistungskatalogs der gesetzlichen Krankenversicherungen sind. Leistungen, die dort nicht vorkommen, müssen vom Patienten voll bezahlt werden.

Einige Kassen bieten die Kostenerstattung in sogenannten Wahltarifen an. Je nach Angebot erstatten sie dann etwas mehr. Allerdings ist der Versicherte, der sich für einen solchen Tarif entscheidet, ein Jahr an die Kasse gebunden, auch wenn diese Zusatzbeiträge erhebt. Weil diese Tarife für die Versicherten hohe Risiken bergen, werden sie bislang kaum in Anspruch genommen und sind nur in Ausnahmefällen, etwa als Ergänzung zu einer Beihilfe, empfehlenswert.

Die Rechnung des Arztes

Privatversicherte, gesetzlich Versicherte mit Kostenerstattung und andere Selbstzahler (→ Seite 55 ff.) erhalten vom Arzt nach der Behandlung eine Rechnung. Vorauszahlungen darf der Arzt nicht verlangen. Allerdings darf ein Patient mit der Bezahlung auch nicht so lange warten, bis die Privatversicherung oder die Kasse ihre Zahlungen geleistet hat, es sei denn, er hat das mit dem Arzt so vereinbart.

Die Rechnung wird nur fällig, wenn sie korrekt auf Grundlage der Gebührenordnung für Ärzte (GOÄ) erstellt wurde. Auf Wunsch kann der Patient die GOÄ einsehen; sie findet sich auch im Internet, zum Beispiel bei der Bundesärztekammer (Adresse → Seite 192.). In der GOÄ ist jede ärztliche Leistung – ähnlich wie im Verzeichnis der Kassenleistungen – mit einer Punktzahl bewertet. Diese Punktzahl, multipliziert mit einem bestimmten Geldbetrag (Punktwert) ergibt den einfachen Gebührensatz für eine bestimmte Untersuchung oder Behandlung. Je nach Schwierigkeit der ärztlichen Leistung kann dieser Gebührensatz mit einem Steigerungsfaktor multipliziert werden. Der übliche Steigerungssatz beträgt 1,7. Bis zu einem Steigerungsfaktor von 2,3 darf der Arzt ohne besondere Begründung gehen, mit Begründung bis 3,5 – darüber hinaus nur mit einem extra geschlossenen Vertrag (Honorarvereinbarung).

[ ] Tipp

Wenden Sie sich an die zuständige Ärztekammer, wenn Ihnen Ihre Rechnungen nicht plausibel erscheinen, und lassen Sie diese Rechnungen überprüfen.

Auf der Rechnung sollen angegeben sein:

- der Name des Patienten,
- die Diagnose,
- das Datum, an dem die Leistung erbracht wurde,
- die Gebührennummer,
- die genaue Bezeichnung der erbrachten Leistung,
- der jeweilige Betrag,
- der Steigerungsfaktor.

Bei Auslagen wie Laborkosten müssen für Beträge über 25,56 Euro Belege beigefügt werden. Einmalartikel, wie zum Beispiel Einmalspritzen, Kanülen und Handschuhe, darf der Arzt nicht berechnen.

Der Arzt sollte die Rechnung bald nach der erbrachten Leistung stellen. Es ist allerdings kein Zeitraum festgesetzt, in dem dies geschehen muss. Die Forderung des Arztes verjährt erst drei Jahre nach Ende des Jahres, in dem sie fällig wurde. Fällig wird sie aber nicht mit dem Datum der Behandlung, sondern nachdem der Arzt eine ordnungsgemäße Rechnung erstellt hat. Vorher tritt auch keine Verjährung ein.

❮ ❯ Beispielfall

Markus M. ist im August 2012 in ärztlicher Behandlung, der Arzt stellt im November 2012 eine korrekte Rechnung aus. Der Patient bezahlt nicht, der Arzt schreibt gelegentlich Mahnungen. Am 15. Januar 2016 beantragt er einen gerichtlichen Mahnbescheid. Mit dem 1. Januar 2016 ist die Forderung jedoch verjährt. Die privaten Mahnschreiben unterbrechen die Frist nicht. Für die Behandlung eines anderen Patienten am selben Tag vergisst der Arzt, eine Rechnung zu stellen. Erst am 15. Juni 2013 sendet er dem Patienten die Rechnung zu. Der Patient bezahlt nicht; der Arzt beantragt ebenfalls am 15. Januar 2016 einen Mahnbescheid. Diesmal mit Erfolg, denn die Forderung wäre erst am 1. Januar 2017 verjährt.

Damit Patienten nicht zu lange auf eine Rechnung warten müssen, können sie den Arzt auffordern, innerhalb einer angemessenen Frist eine Rechnung zu stellen. Kommt der Arzt dieser Aufforderung nicht nach, gilt das Ende der vom Patienten gesetzten Frist als Fälligkeitsdatum. Drei Jahre später ist die Forderung dann verjährt.

Eine Honorarforderung kann auch »verwirkt« werden, ihre Geltendmachung sozusagen unverhältnismäßig sein. Das gilt dann, wenn der Patient innerhalb der Verjährungsfristen nicht mehr damit rechnen muss, dass der Arzt eine Rechnung erhebt. Es wird aber stets auf die Umstände des Einzelfalls ankommen, ein langer Zeitraum allein reicht nicht aus.

! Urteil

Ein Zahnarzt stritt mit einem Patienten vor Gericht über eine Rechnung. Im Lauf des Verfahrens entdeckte der Zahnarzt, dass er einige Positionen aus der damaligen Behandlung gar nicht berechnet hatte. Da die Verjährungsfrist noch nicht abgelaufen war, stellte er eine weitere Rechnung aus. Das Gericht befand jedoch, dass der Patient nach zwei Jahren nicht mehr mit Nachforderungen rechnen musste. Der Arzt habe seinen Anspruch verwirkt (AG Frankfurt, Az. 30 C 2697/94-24).

Privatärztliche Verrechnungsstellen

In der Regel bedienen sich Ärzte sogenannter privatärztlicher Verrechnungsstellen. Der Arzt übermittelt die Behandlungsdaten; die Verrechnungsstelle schreibt dann die Rechnung und kümmert sich um den Zahlungseingang. Der Arzt erhält sicher seine Vergütung, das Risiko einer Zahlungsverweigerung trägt die Verrechnungsstelle.

Um Patientendaten an die Verrechnungsstelle weitergeben zu können, braucht der Arzt die schriftliche Einwilligung des Patienten. Verweigert der Patient vor der ersten Behandlung die Unterschrift, kann der Arzt bei Privatpatienten – außer in Notfällen – die Behandlung ablehnen. Bei einer bereits bestehenden Arzt-Patienten-Beziehung wird ein Abbruch der Behandlung unverhältnismäßig sein. Kassenpatienten, die die Zustimmung zu diesem Verfahren (zum Beispiel bei IGeL-Angeboten oder Selbstkostenanteilen beim Zahnersatz) verweigern, muss der Arzt trotzdem behandeln, denn er darf Patienten nur bei Überlastung oder gestörtem Vertrauensverhältnis ablehnen. Der Arzt muss die Rechnungen selbst ausstellen. Forderungen der Verrechnungsstelle muss der Patient dann nicht bezahlen.

Wenn ein Patient der Abrechnung über eine Verrechnungsstelle zustimmt, birgt dies für ihn (neben den Datenschutz-
problemen) eine Gefahr: Sieht er eine Rechnung als falsch
an, muss er mit der Verrechnungsstelle darüber streiten,
da diese durch die Abtretung des Arztes »Inhaberin der Forderung« geworden ist. Bestreitet nun der Patient, dass eine
bestimmte Leistung überhaupt erbracht wurde, kann die
Verrechnungsstelle den Arzt als Zeugen benennen. Hat dagegen der Arzt die Rechnung selbst gestellt, muss er beweisen,
dass er die Leistung tatsächlich erbracht hat. Hat er keine
Zeugen, etwa eine Helferin, dann sind seine Aussichten
schlecht, den Prozess zu gewinnen.

Wenn der Arzt zum Kaufmann wird: IGeL

Viele Jahre lang gingen gesetzlich Versicherte zum Arzt und
erhielten dort die Therapien und Medikamente auf Rezept,
die der Arzt für notwendig erachtete. Über Geld wurde nicht
gesprochen, weil die Kasse zahlte.

Diese Zeiten sind vorbei: Ärzte dürfen nicht mehr beliebig
viele Medikamente verordnen und bekommen nicht mehr alle
Behandlungen bezahlt, ihr Honorar wird budgetiert. Das hat
zu merklichen Umsatzeinbußen in den Arztpraxen geführt.
Viele, gerade jüngere Ärzte, die noch hohe Investitionskosten
abzutragen haben, stehen vor wirtschaftlichen Problemen.
Eine Reaktion der Ärzteschaft sind die »IGeL« – ein Schlag-
wort, dem Patienten in den Arztpraxen immer häufiger begegnen. Untersuchungen der Verbraucherzentrale NRW zeigen, dass rund ein Drittel der Versicherten bereits auf solche
Angebote angesprochen wurde.

Was sind IGeL-Angebote?

IGeL (Kurzform für Individuelle Gesundheitsleistungen) werden als »medizinisch nicht notwendige« Leistungen von der
Kasse nicht erstattet, sondern müssen vom Nutzer selbst be-

Beispiele für IGeL-Angebote

- Entfernung von Tätowierungen
- Schönheitsoperationen
- Reisemedizinische Beratungen und Impfungen
- Sportmedizinische Untersuchungen
- Zusatzdiagnostik in der Schwangerschaft (Labor oder Ultraschall)
- Blutgruppenbestimmung
- Stressbewältigungstherapie
- Paartherapie
- Glaukomfrüherkennung
- Zusätzliche Früherkennungsuntersuchungen (zum Beispiel PSA-Test)

zahlt werden. Dabei handelt es sich um einen Katalog mehr oder weniger sinnvoller Leistungen, die entweder überhaupt nicht in den Bereich der gesetzlichen Krankenkasse fallen oder die zwar grundsätzlich von der Kasse bezahlt werden, aber im individuellen Fall nicht erstattungsfähig sind, weil ihre Inanspruchnahme an bestimmte Voraussetzungen gebunden ist. Häufig wird für IGeL-Angebote auch mit einer verbesserten Qualität argumentiert. So könne man beispielsweise aussagekräftigere Ultraschallbilder erstellen oder zusätzliche Laborwerte bestimmen, die von der Kasse nicht finanziert würden. Die angebotenen Leistungen müssen medizinisch vertretbar sein und stets darf die Leistung nur auf ausdrücklichen Wunsch des Patienten erbracht werden. Der Arzt darf nicht etwa eine Untersuchung vornehmen und nachträglich den Patienten darüber informieren, dass er sie privat bezahlen muss.

[ ] Tipps

- Wenden Sie sich an eine unabhängige Beratungsstelle, Ihre Krankenkasse oder die zuständige Kassenärztliche Vereinigung, wenn Ihnen Kassenleistungen nur auf Rechnung angeboten werden.
- Wenn Sie sich von Ihrem Arzt gedrängt fühlen, Leistungen gegen Rechnung in Anspruch zu nehmen, sollten Sie überlegen, ob Sie die Praxis wechseln sollten.
- Auf der Seite www.igel-monitor.de finden Sie zahlreiche IGel-Angebote – wissenschaftlich bewertet durch den MDS, den Medizinischen Dienst des Spitzenverbandes Bund der Krankenkassen e.V.

Grundsätzlich ist es verboten, Leistungen, die eigentlich Kassenleistungen sind, gegen Rechnung anzubieten. In solchen Fällen argumentieren Ärzte dann gelegentlich, die Leistung würde ihnen von der Kasse nicht erstattet, weil sie ihr Budget schon ausgeschöpft hätten. Selbst wenn dies der Fall ist, muss der Arzt den Patienten auf Chipkarte behandeln – auch wenn er dafür keine angemessene Entlohnung bekommt.

Was tun bei solchen Angeboten?
IGeL-Angebote sind für manche Ärzte zu einem wichtigen Teil
ihres Einkommens geworden. Da sie etwas verkaufen wollen, verlassen diese Ärzte teilweise sogar ihre Fachsprache
und dienen die Leistungen mit blumigen Bezeichnungen wie
»Sono-Check« oder »Facharzt-Check« an. In einigen Praxen
werden die Patienten bereits im Wartezimmer oder von der
Arzthelferin mit dem jeweiligen Angebot vertraut gemacht.
Den Ärzten ist aufdringliche oder Angst machende Werbung
untersagt. Trotzdem können Patienten nicht immer davon
ausgehen, dass sie objektiv über die Vor- und Nachteile einer
Leistung informiert werden (→ Seite 38 ff.).

Bei einigen Leistungen ist es einfach zu entscheiden, ob man
sie benötigt: wenn man zum Beispiel Tätowierungen entfernen möchte, eine Tauglichkeitsbescheinigung für den Tauch-
kurs braucht oder bestimmte Impfungen für eine Fernreise.

Andere Angebote sind weniger eindeutig. Vor allem die Notwendigkeit von Früherkennungsuntersuchungen ist für Patienten oft nicht einzuschätzen: Die Krankenkassen erstatten
lediglich eine beschränkte Anzahl an Untersuchungen auf bestimmte Erkrankungen. Nur wenn ein konkreter Verdacht auf
eine Erkrankung besteht, übernimmt die Kasse die Kosten
der zusätzlichen Abklärung. Patienten wird oft suggeriert,
weitere Untersuchungen böten ein Mehr an Sicherheit – aus
Sorge um die eigene Gesundheit bezahlen sie dann die zusätzlichen Tests. Was diese Untersuchungen tatsächlich bringen, ist oft noch nicht ausreichend erwiesen (zum Beispiel
bei immunologischen Tests zum Nachweis von Blut im Stuhl)
oder nur für bestimmte Patientengruppen sinnvoll (zum Beispiel Knochendichtemessung zur Früherkennung von Osteo-
porose oder PSA-Test zur Früherkennung von Prostatakrebs).

Bei anderen Untersuchungen ist wissenschaftlich belegt,
dass sie nicht sinnvoll sind, sie werden aber trotzdem angeboten, wie zum Beispiel der Ultraschall zur Früherkennung

[ ] **Tipp**

Wichtig ist es in jedem Fall, sich nicht drängen zu lassen und sich umfassend zu informieren, zum Beispiel bei einem anderen Arzt oder der Krankenkasse. Wer sich durch Angst einflößende Plakate oder aufdringliches Marketing der Arzthelferin oder des Arztes bedrängt fühlt, kann sich an seine Kasse wenden.

von Eierstockkrebs bei gesunden Frauen (www.igel-monitor.de).

Insgesamt ist dies für die Patienten eine unerträgliche Situation. Wie soll der Einzelne beurteilen, welche Leistungen sinnvoll sind und welche nur Geld kosten? Verbraucherzentralen können solche Werbung abmahnen, wenn sie gegen Wettbewerbsregeln verstößt. Das ist beispielsweise der Fall, wenn durch die Werbung versucht wird, mit der Angst vor Gesundheitsschäden einen Geschäftsabschluss herbeizuführen.

Informationen und Bewertungen verschiedener Leistungen finden Sie auf den Internetseiten des MDS (Medizinischer Dienst des Spitzenverbandes Bund der Krankenkassen e.V., www.mds-ev.de) und des IQWIG (Institut für Qualität und Wirtschaftlichkeit im Gesundheitswesen, www.iqwig.de).

Vertrag und Rechnung
Wenn privat abzurechnende Zusatzleistungen vereinbart werden, muss der Arzt vor der Behandlung mit dem Patienten einen schriftlichen Vertrag schließen. Darin muss der Patient ausdrücklich auf die Kosten hingewiesen werden, die er selbst tragen muss, und schriftlich seine Zustimmung erklären. Hat der Arzt dies versäumt, hat er keinen Anspruch auf Zahlung.

Der Arzt darf für seine Leistungen keine Fantasiepreise fordern, sondern er muss die Rechnung nach der Gebührenordnung für Ärzte (GOÄ) ausstellen. Er darf dabei, wie bei Privatpatienten, in begründeten Fällen einen höheren Satz verlangen (→ Seite 52 f.). Selbstverständlich sollte mit Bargeld nur gegen eine Quittung bezahlt werden.

Check

Was Sie beachten sollten, wenn Ihr Arzt oder Zahnarzt Ihnen IGeL anbietet:

- Lassen Sie sich vom Arzt genau erklären, worin der Nutzen für Ihre Gesundheit liegt.
- Lassen Sie sich Zeit für eine Entscheidung. Wenn Ihr Arzt Sie drängt, die Leistung sofort in Anspruch zu nehmen, ist das unseriös.
- Prüfen Sie im Internet bei www.igel-monitor.de, ob die Leistung dort bewertet wurde.
- Fragen Sie vor Inanspruchnahme bei Ihrer Kasse nach, warum die Kosten für diese Leistung nicht übernommen werden.
- Ihr Arzt muss mit Ihnen vor Behandlungsbeginn eine schriftliche Honorarvereinbarung treffen.
- Die Rechnung muss nach der offiziellen Gebührenordnung für Ärzte/Zahnärzte ausgestellt sein und die einzelnen Leistungen ausführen. Pauschalen oder gar Erfolgshonorare sind unzulässig.
- Ohne schriftliche Vereinbarung und Rechnung sind Sie grundsätzlich nicht verpflichtet, die Leistung zu bezahlen.
- Wenn Sie nur eine IGeL in Anspruch nehmen, müssen Sie die Chipkarte nicht vorlegen.
- Kosten für IGeL können Sie grundsätzlich von der Steuer absetzen.

Leistungsansprüche für Kassenpatienten

Der Anspruch auf medizinische Versorgung für über 90 Prozent der Bevölkerung, nämlich den Mitgliedern einer gesetzlichen Krankenkasse, wird im Sozialgesetzbuch V (SGB V) genauer geregelt und in einigen Punkten auch eingeschränkt. Grundsätzlich sind die zur vertragsärztlichen Versorgung zugelassenen Ärzte jedoch in ihren therapeutischen Entscheidungen frei: Das heißt, nicht die Krankenkasse entscheidet, welche Maßnahmen der Arzt ergreifen soll, sondern ausschließlich er selbst.

Wirtschaftlich und notwendig

Trotz der Therapiefreiheit ist der Kassenarzt an das sogenannte Wirtschaftlichkeitsgebot gebunden; er darf nur Behandlungen durchführen, die das Maß des Notwendigen nicht überschreiten. Verlässt er den Rahmen der Kassenleistungen, muss der Patient die Kosten selbst tragen. Dies muss der Arzt dem Patienten vor der Behandlung mitteilen (→ Seite 43).

> **Auszug aus dem SGB V**
>
> § 12 »Die Leistungen müssen ausreichend, zweckmäßig und wirtschaftlich sein; sie dürfen das Maß des Notwendigen nicht überschreiten. Leistungen, die nicht notwendig oder die unwirtschaftlich sind, können Versicherte nicht beanspruchen, dürfen die Leistungserbringer nicht bewirken und die Krankenkassen nicht bewilligen.

Der Leistungskatalog

Die Leistungen der gesetzlichen Krankenkassen werden im sogenannten EBM (Einheitlicher Bewertungsmaßstab) aufgelistet. Der EBM ist die Honorarordnung der Kassenärzte. Er beschreibt die einzelnen abrechnungsfähigen Leistungen und ordnet jeder Leistung eine Punktzahl zu, aus der sich das Honorar errechnet, das ein Arzt für diese Leistung erhält. Der Arzt kann mit der Kasse nur die Leistungen abrechnen, die im EBM aufgeführt sind. Welche Leistungen in den EBM aufgenommen werden, entscheidet der Gemeinsame Bundesausschuss.

Seit der Gesundheitsreform 2004 werden auch Patientenvertreter als Mitglieder in dieses Gremium berufen. Sie haben zwar kein Stimmrecht, müssen aber angehört werden und

> **Der Gemeinsame Bundesausschuss (G-BA)**
>
> Dieses Gremium erfüllt im Rahmen der Selbstverwaltung, also der vertraglichen Regelungen zwischen gesetzlichen Kassen und Kassenärzten, wichtige Aufgaben bei der Ausgestaltung der Leistungen. Es legt neben den Leistungen des EBM beispielsweise fest, welche Heilmittel anerkannt werden, wie die Fahrtkostenübernahme geregelt wird oder welche Medikamente von der Kasse bezahlt werden.

können in begrenztem Umfang Anträge stellen. Außer den neun Patientenvertretern (sechs Vertreter des Deutschen Behindertenrats, je einer der Deutschen Arbeitsgemeinschaft der Selbsthilfegruppen, der Bundesarbeitsgemeinschaft der PatientInnenstellen und des Verbraucherzentrale Bundesverbandes) gehören dem Ausschuss neun Kassenvertreter, neun Vertreter der Leistungserbringer (also Ärzte, Zahnärzte, Krankenhausbetreiber) sowie drei weitere an, die als »Unabhängige« bezeichnet werden (www.g-ba.de).

Der Gemeinsame Bundesausschuss darf nicht willkürlich handeln, sondern soll möglichst nach dem Stand der Wissenschaft entscheiden. So werden Leistungen, wenn »nach dem allgemeinen Stand der medizinischen Erkenntnisse der diagnostische oder therapeutische Nutzen, die medizinische Notwendigkeit oder die Wirtschaftlichkeit nicht nachgewiesen sind«, nicht als Kassenleistung anerkannt. Die Kriterien für die Aufnahme in den EBM sind im Lauf der Jahrzehnte deutlich verschärft worden. Etliche »alteingeführte« Leistungen würden nach den bestehenden Bedingungen heute nicht mehr in den Katalog aufgenommen werden. Auf der anderen Seite dauert es oft einige Zeit, bis der wissenschaftliche Nachweis geführt ist; man kann also nicht automatisch davon ausgehen, dass nicht aufgenommene Behandlungsmethoden unwirksam sind (→ IGeL, Seite 55 ff., und Off-Label-Use, Seite 74 ff.).

Für sogenannte alternative Methoden wie die Homöopathie kann es ausreichen, wenn die Eignung der Methode im Rahmen ihres eigenen Erklärungsmodells nachgewiesen wurde. Trotz dieser durch den Gesetzgeber eingeräumten Chance, die besonderen Probleme des »schulwissenschaftlichen« Nachweises für alternative Heilmethoden zu umgehen, ist bislang nur die Akupunktur bei Rücken- und Kniebeschwerden als Kassenleistung zugelassen worden. Dennoch bieten einige Kassen an, Kosten für Homöopathie und einzelne andere alternative Heilverfahren unter bestimmten Bedingungen zu übernehmen. Ausdrücklich abgelehnt wurden bereits zum Beispiel die Bioresonanzdiagnostik und -therapie, verschiedene Sauerstofftherapien, die Colon-Hydrotherapie sowie Eigenblut- und Eigenharntherapie bei Krebserkrankungen. In Einzelfällen kann eine Krankenkasse verpflichtet sein, die Kosten für eine Therapie oder ein Medikament doch zu übernehmen, wenn es bei einer lebensbedrohlichen Erkrankung keine etablierte Methode gibt und die »alternative« Methode Linderung möglich erscheinen lässt (BVerfG, Beschluss vom 6.12.2005, Az. 1 BvR 347/98, und BSG, Urteil vom 27.3.2006, Az. B1 KR 28/05).

Sonderfall: Privatversicherte

Der Leistungsumfang für Privatversicherte hängt sehr stark vom jeweiligen Vertrag ab. Er ist aber keinesfalls unbeschränkt oder immer größer als bei gesetzlich Versicherten. Privatversicherte sollten deshalb grundsätzlich vor allen Behandlungen, die das gewöhnliche Maß überschreiten, mit ihrer Versicherungsgesellschaft Rücksprache nehmen.

Die Krankenkassen haben auch die Möglichkeit, im Rahmen von Modellversuchen die Wirksamkeit solcher Methoden zu erforschen. Die Dauer der Erprobungen ist auf acht Jahre befristet. Der Modellversuch und die Teilnahmebedingungen sind in die Satzung aufzunehmen. Interessierte Versicherte sollten sich bei ihrer Krankenkasse nach solchen Modellversuchen erkundigen.

Neue Versorgungsformen

Vor einigen Jahren sind die bis dahin starren Grenzen zwischen der Behandlung im Krankenhaus und dem niedergelassenen Arzt aufgebrochen worden. Zudem sollte unter an-

derem die Zusammenarbeit zwischen den niedergelassenen
Ärzten verbessert werden.

Programme für chronisch Kranke

Ein Großteil der Mittel im Gesundheitswesen wird für
chronisch Erkrankte aufgewendet. Trotzdem ist die Versorgungsqualität dieser Menschen im internationalen Vergleich
eher mittelmäßig. Um Kosten zu sparen und die Qualität
der Behandlung zu verbessern, können die Kassen spezielle Programme (Disease-Management-Programme, DMP)
entwickeln, in denen in Zusammenarbeit mit den Ärzteorga-
nisationen Behandlungsstandards festgelegt
werden. In begründeten Fällen darf der Arzt
allerdings von den Leitlinien abweichen. Patienten, die sich an solchen Programmen betei-
ligen, erhalten finanzielle Anreize, vor allem
aber soll eine verbesserte Versorgungsqualität
erreicht werden. Die beteiligten Ärzte müssen
Fortbildungen nachweisen und vermehrt mit
anderen Fachärzten zusammenarbeiten. Patienten müssen sich zur Teilnahme einschreiben
und verlieren dadurch teilweise das Recht auf freie Arztwahl,
denn sie verpflichten sich, immer die Ärzte aufzusuchen, die
im Programm mitwirken. Innerhalb von 14 Tagen kann man
die Entscheidung zur Einschreibung in ein solches Programm
widerrufen, danach ist man ein Jahr an die Entscheidung gebunden. Die 14-Tage-Frist beginnt erst dann, wenn die Kasse
schriftlich über dieses Widerufsmöglichkeit belehrt hat.

> **[ ] Tipp**
>
> Solche Programme gibt es derzeit
> zum Beispiel für Diabetiker, Herz-
> Kreislauf-Erkrankte und Brustkrebs-
> patientinnen. Sofern Sie an solch
> einem Programm teilnehmen und mit
> der Behandlung nicht zufrieden sind,
> sollten Sie die Kasse informieren.

Hausarztmodelle

Grundsätzlich gilt für gesetzlich Krankenversicherte die freie
Arztwahl. Das heißt, der Versicherte entscheidet, wann und
wie oft und zu welchem Arzt er geht. Diese Freiheit hat dazu
geführt, dass die Deutschen Weltmeister bei den Arztkontakten sind. Und bei vielen Patienten tritt das Problem auf, dass
kein Arzt den Überblick über alle bestehenden Erkrankungen
und angewendeten Therapien hat. Wegen der Kostenerspar-

nis und der besseren medizinischen Versorgung fordern deshalb Experten seit Langem, dass die Rolle des Hausarztes
gestärkt werden solle. Nunmehr müssen die gesetzlichen
Kassen sogenannte Hausarztmodelle einrichten: Die Versicherten, die sich dort einschreiben, verpflichten sich, bei
Erkrankungen immer zuerst den gewählten Hausarzt aufzusuchen, ausgenommen Frauen- und Augenärzte.

Grundsätzlich sind solche Modelle positiv zu bewerten, auch
weil die beteiligten Hausärzte sich besonders fortbilden und
an Qualitätssicherungsmaßnahmen teilnehmen müssen.
Falls der Patient nicht zufrieden ist, kann er – wie bei den
Chronikerprogrammen – das Modell erst nach einem Jahr verlassen, falls er die Entscheidung zur Teilnahme nicht in den
ersten 14 Tagen, nachdem er über dieses Recht aufgeklärt
wurde, widerrufen hat. Ansonsten kann er zwar die Kasse
wechseln, nicht aber den Hausarzt.

Falls Ihre Kasse im Rahmen dieser Programme verlangt, dass
eine bestimmte Apotheke als Stammapotheke festgelegt
wird, müssen Sie alle Medikamente in dieser Apotheke kaufen. Sie können dann zum Beispiel die Vorteile von Internetapotheken nicht mehr nutzen. Der Apotheker sammelt zudem
alle Daten über gekaufte Medikamente und tauscht sie mit
dem Hausarzt aus. Jeder Patient muss entscheiden, ob er für
sich eine solche Datensammlung wünscht.

Wegen Streitigkeiten zwischen Ärzteverbänden und Krankenkassen über die Vergütungen gibt es diese an sich sinnvollen
Hausarztmodelle nicht bei allen Kassen.

Integrierte Versorgung

Interessant für Versicherte sind auch Modelle der sogenannten integrierten Versorgung, bei denen zum Beispiel »Medizinische Versorgungszentren« entstehen. Dort sollen Ärzte verschiedener Fachrichtungen mit anderen Therapeuten bei der
Versorgung der Patienten kooperieren. Für Patienten kann

das beispielsweise bedeuten, dass sie in einem Ärztenetz
schnell eine umfassende Diagnose erhalten oder dass sie
nach der Entlassung aus der Klinik dort weiter behandelt
werden dürfen, was bislang nicht möglich war. Auch für diese
Programme gilt die oben beschriebene Bindungsfrist von
einem Jahr mit der Möglichkeit innerhalb der ersten 14 Tage
die Teilnahmeentscheidung zu widerrufen.

Ihr gutes Recht: die zweite Meinung

Wenn Patienten unsicher sind, ob die Diagnose zutreffend
oder die vorgeschlagene Therapie angemessen ist, möchten
sie oft eine »zweite Meinung« einholen. Viele Ärzte verstehen,
dass sich Patienten absichern wollen, und stellen deshalb auf
Anfrage Überweisungen zu Fachkollegen aus. Aber auch ohne
Überweisung kann ein Patient jeden gewünschten (Kassen-)
Arzt aufsuchen – etwa um noch eine weitere Meinung einzuholen. War er in dem betreffenden Quartal schon bei einem Arzt,
musste er bis Ende 2012 dann lediglich erneut die Praxisgebühr zahlen. Mit dem Wegfall dieser Gebühr gibt es nun keine
Hürde mehr.

Lediglich im Rahmen von speziellen Behandlungsprogram-
men, zum Beispiel Chronikerprogrammen (→ Seite 65) oder
Hausarztmodellen (→ Seite 65 f.), kann die Drittmeinung
kostenpflichtig werden. Eine Zweitmeinung ist auch in diesen
Modellen möglich.

Privatversicherte müssen ihren Versicherungsvertrag dahinge-
hend prüfen, ob sie eine zweite Meinung einholen dürfen. Es
gibt Verträge, in denen die Kosten einer Zweitmeinung ganz
oder teilweise von der Erstattung ausgeschlossen werden.
Im Zweifelsfall muss die Versicherung Auskunft geben. Damit
nicht die gesamte Diagnostik, etwa Röntgenbilder und Laboruntersuchungen, noch einmal durchgeführt werden muss, kann
der Patient vom zunächst tätigen Arzt verlangen, die benötig-
ten Unterlagen zur Verfügung zu stellen (→ Seite 35 f.).

Behandlungen im Ausland

Die Leistungen der gesetzlichen Krankenkassen sind grundsätzlich auf Deutschland beschränkt. Mit zunehmender

Mobilität und der wachsenden Bedeutung des gemeinsamen Marktes der Europäischen Union (EU) haben Versicherte immer häufiger Fragen zur Anwendung des Krankenversicherungsrechts im Ausland. Der Europäische Gerichtshof entwickelte eine Linie der Rechtsprechung, die sich zwischen dem EU-Recht auf Freizügigkeit des Waren- und Dienstleistungsverkehrs einerseits und der Sicherstellung der nationalen Gesundheitssysteme andererseits bewegt und durch die Gesundheitsreform 2004 auch in deutsches Recht umgesetzt wurde.

Gesetzlich Versicherte können in der Europäischen Union jederzeit ambulante Leistungen in Anspruch nehmen. In einigen Grenzregionen können Versicherte sogar die Chipkarte bei Leistungen im Nachbarland benutzen. Stationäre Leistungen dagegen bedürfen, außer im Notfall, der vorherigen Genehmigung durch die Kasse. Die Kasse darf eine Behandlung im Ausland nur genehmigen, wenn sie in Deutschland wissenschaftlich anerkannt, aber überhaupt nicht oder nicht in angemessener Zeit zu erhalten ist. Bei den Kapazitäten des deutschen Gesundheitswesens ist dies jedoch nur in seltenen Ausnahmefällen denkbar (Beispiel: Badebehandlung im Toten Meer bei speziellen Hauterkrankungen).

[ ] Tipp

Der Abschluss einer Auslandsreisekrankenversicherung als Zusatzversicherung ist (trotz der EU-Regelungen) dringend zu empfehlen, um die nicht von der gesetzlichen Krankenkasse erstatteten Rechnungsanteile abzudecken. Zudem tragen diese Zusatzversicherungen die Kosten eines medizinischen Rücktransports nach Deutschland. Dies kann gerade bei schweren Erkrankungen und medizinisch niedrigem Standard im Urlaubsland von großer Bedeutung sein.

Wenn ein in Deutschland Versicherter Leistungen in der EU und in anderen Ländern, mit denen ein Sozialversicherungsabkommen (ein Verzeichnis gibt es bei der Krankenkasse) besteht, in Anspruch nimmt, erstattet die Krankenkasse stets nur den Anteil der Kosten, die die Behandlung auch in Deutschland verursacht hätte. Da im Ausland aber nicht immer erkennbar ist, welcher Arzt nach dortigem Recht eine Kassenzulassung hat, entstehen in vielen Fällen Mehrkosten, auf denen der Patient sitzen bleibt. Möglicherweise wird sich dies mit der einheitlichen europäischen Versichertenkarte verbessern, deren Einführung bereits begonnen hat.

Außerhalb der EU bzw. der Staaten mit Sozialversicherungsabkommen besteht keinerlei Versicherungsschutz für Angehörige der gesetzlichen Krankenkasse (zum Beispiel in den
USA). Jede Arztrechnung muss privat bezahlt werden. Bei
Reisen in diese Länder ist der Abschluss einer privaten Rei-
sekrankenversicherung deshalb unerlässlich. Wer aufgrund
von Vorerkrankungen oder seines Alters von diesen Versicherungen abgelehnt wird, erhält den Schutz seiner gesetzlichen
Versicherung in dem Umfang, wie er in EU-Ländern besteht.

Bei längerem Auslandsaufenthalt
Arbeitnehmer, die von ihrer Firma ins Ausland entsendet werden, sind weiter über den Betrieb versichert. In solch einer
Situation sollten Sie mit Ihrem Arbeitgeber sprechen, ob das
ausreichend ist oder Sie zusätzlich eine private Versicherung
abschließen sollten. Informationen zu den Regelungen in einzelnen Ländern gibt die Deutsche Verbindungsstelle Krankenversicherung Ausland (DVKA, Adresse → Seite 194).

[ ] Tipp

Es kann sinnvoll sein, nicht dauerhaft ins Ausland überzusie-
deln, sondern alle sechs Monate einige Tage in Deutschland zu
verbringen, damit sich der Erstwohnsitz weiterhin dort befindet
und man weiter in der deutschen Kranken- und Pflegekasse
bleibt. Eventuelle Leistungen im Ausland werden dann wie für
alle Urlauber wie oben beschrieben abgerechnet.

Wer seinen Wohnsitz ganz ins EU-Ausland verlegt, bleibt
Mitglied in einer deutschen Krankenkasse; sie zahlt jedoch
nur Kosten in dem Umfang, der von der Krankenkasse des
Gastlandes übernommen wird. Das heißt, wer beispielsweise
als Rentner nach Spanien übersiedelt, kann in der deutschen
gesetzlichen Krankenkasse bleiben und erhält die Leistungen
der spanischen gesetzlichen Krankenkasse. Das gilt dann
auch für die Rückkehr nach Deutschland: Man kann deshalb
also nicht bei ernsthaften Erkrankungen nach Deutschland

fliegen, um dort vermeintlich bessere Leistungen in Anspruch zu nehmen.

Wer sich auf eigene Faust zum Arbeiten oder aus sonstigen Gründen dauerhaft in Nicht-EU-Ländern aufhält, hat keinen Versicherungsschutz mehr, sondern muss sich nach einer örtlichen Versicherung umsehen. Das kann schwierig werden. Es ist deshalb sehr zu empfehlen, sich vor einer dauerhaften Übersiedlung um die Angebote der Versicherungen im Zielland zu bemühen.

Die Versorgung mit Medikamenten

Nach den Einschnitten der letzten Gesundheitsreformen hat sich einiges bei der Verordnung von Medikamenten geändert. Manches, was früher vom Arzt verschrieben wurde, muss der Kranke nun komplett aus eigener Tasche zahlen. Zumeist verschreibt der Arzt ohnehin nicht mehr das bekannte Mittel, sondern nur noch den Wirkstoff, und der Apotheker sucht dann das Präparat heraus, für das die jeweilige Krankenkasse einen günstigen Rabattvertrag geschlossen hat oder Festbeträge bestimmt hat. Dies soll dazu beitragen, die Arzneimittelausgaben der Kasse zu senken.

Verschreibungspflichtige Medikamente
Ein Patient kann vom Arzt nicht verlangen, dass er ihm ein bestimmtes Medikament verschreibt. Dies gilt auch dann, wenn der Patient dieses Medikament etwa im Krankenhaus erhalten hat und nun – nach der Entlassung – von einem niedergelassenen Arzt weiter behandelt wird. Der Arzt ist ausschließlich seiner fachlichen Einschätzung und dem Stand der Wissenschaft verpflichtet.

Wirtschaftliche Erwägungen dürfen deshalb kein Grund sein, dem Patienten Medikamente, die der Arzt für erforderlich hält, vorzuenthalten. Leider passiert dies dennoch in nicht

unerheblichem Umfang. So werden beispielsweise Medikamente, die den Verlauf der Alzheimererkrankung verlangsa-
men, nicht allen Patienten verschrieben, die davon eventuell
profitieren könnten. Ähnliches ist auch bei bestimmten Medikamenten zur Behandlung von Psychosen zu beobachten, die
zwar teurer sind, aber weniger Nebenwirkungen zeigen als
andere Präparate. Im Rahmen ihrer Verträge mit den Kassenärztlichen Vereinigungen wird den Ärzten ein individuelles Budget für die Verschreibung von Medikamenten zuge-
wiesen (sogenannte Richtgrößen). Es handelt sich aber dabei
nicht um Höchstbeträge für den einzelnen Patienten, sondern
um Durchschnittswerte je behandeltem Fall im Quartal. Überschreiten die Ärzte die Richtgrößen – verordnen sie also mehr
oder teurere Medikamente und erzeugen dadurch höhere
Ausgaben – können sie dafür von der Kassenärztlichen Vereinigung haftbar gemacht werden. Auch wenn dies nicht häufig
vorkommt, besteht für den Arzt ein wirtschaftliches Risiko.
Dies darf jedoch nicht dazu führen, dass er dem Patienten
notwendige Medikamente vorenthält. Der Arzt darf lediglich
auf preisgünstigere Alternativen ausweichen.

[ ] Tipp

Wenn Ihnen ein Arzt ohne fachliche Begründung, sondern
allein mit Hinweis auf sein vermeintlich ausgeschöpftes Budget
bestimmte Medikamente verweigert, sollten Sie sich an Ihre
Krankenkasse, die Kassenärztliche Vereinigung bzw. an eine
der im Anhang aufgeführten unabhängigen Beschwerdestellen
wenden.

»Aut-idem-Regelung«

Der Begriff »aut idem« (lat. »oder das Gleiche«) beschreibt
die Regelung, nach der ein Apotheker ein anderes Mittel (mit
dem gleichen Wirkstoff) als das vom Arzt verordnete ausgibt,
wenn es preisgünstiger ist. Die Darreichungsform – also Ta-
bletten, Tropfen oder Zäpfchen – muss identisch sein. Diesen
Ersatz kann der Arzt verhindern, wenn er auf dem Rezept-

formular ein entsprechendes Kästchen ankreuzt. Patienten sollten mit dem Arzt darüber sprechen, ob die Verordnung des Originalpräparats notwendig ist. In den meisten Fällen ist es problemlos möglich, ein preiswerteres Generikum einzunehmen – das sind Präparate, die nach Auslaufen des Patentschutzes andere Pharmafirmen dem Originalpräparat nachgestalten. Wenn jedoch zum Beispiel eine Allergie gegen bestimmte Füllstoffe von Medikamenten besteht, beispielsweise gegen Kartoffelstärke, Maismehl oder bestimmte Farbstoffe, kann der Austausch eines bewährten Medikaments problematisch sein.

Durch die prozentuale Zuzahlung zu verschreibungspflichtigen Medikamenten können Versicherte bei der Verordnung eines Generikums sparen: Nach den aktuellen Regelungen trägt der Patient nämlich immer 10 Prozent der Kosten des Medikaments, mindestens aber 5 Euro, höchstens 10 Euro. Das bedeutet, dass ein Patient 10 Euro zuzahlen muss, wenn ein (Original-)Präparat 120 Euro kostet. Verschreibt der Arzt aber ein anderes Produkt mit demselben Wirkstoff, das nur 60 Euro kostet, übernimmt der Patient lediglich 6 Euro. So wird eine für alle Beteiligten günstigere, qualitativ gleichwertige Versorgung ermöglicht.

Nach der sogenannten Mehrkostenregelung können Patienten auch von sich aus das teurere Medikament verlangen, wenn sie bereit sind die Differenz zum Preis des von ihrer Kasse vorgeschlagenen Medikaments selbst zu bezahlen. Sinnvoll ist das aber meist nicht. Wer ein vorgeschlagenes Medikament nicht verträgt, sollte zunächst mit dem Arzt und der Kasse darüber reden.

Zunehmend legen die Kassen außerdem für Medikamente sogenannte Festbeträge fest, die sich stets am unteren Drittel der Preise für die jeweiligen Wirkstoffe orientieren und dazu führen, dass der Patient maximal den Festbetrag erhält. Verschreibt der Arzt ein anderes Präparat mit demselben

Wirkstoff, muss der Patient die Differenz zwischen Festbetrag und dem vom Arzt verschriebenen teureren Originalpräparat selbst zahlen. Das Gespräch mit dem Arzt über die Verordnung von Medikamenten wird daher für den Patienten schon aus finanziellen Gründen immer wichtiger. Für Ärzte ist es dabei nicht immer leicht, sich dem enormen Werbedruck und den Verlockungen der Pharmaindustrie, gerade für die teureren Medikamente, zu entziehen.

Die Kassen haben über diese Regelung in den letzten Jahren bereits mehrere hundert Millionen Euro jährlich eingespart.

> **Nebenwirkungen von Medikamenten**
>
> Soweit die verschriebenen Medikamente Nebenwirkungen haben, muss der Arzt diese beachten und den Patienten informieren. Er kann sich nicht darauf verlassen, dass der Patient den Beipackzettel liest (OLG Oldenburg, Urteil vom 20.1.1984, Az. 6 U 178/79). Er muss sich auch darüber auf dem Laufenden halten, ob bestimmte Medikamente in die Kritik geraten sind.

Nicht verschreibungspflichtige Medikamente

Medikamente, für die der Patient kein Rezept braucht, weil er sie selbst in der Apotheke kaufen kann, darf der Arzt nur in Ausnahmefällen zulasten der Krankenkasse verschreiben. Nur wenn es sich um Mittel handelt, die bei der Behandlung schwerwiegender Erkrankungen zum Therapiestandard gehören, übernimmt die gesetzliche Kasse die Kosten. Für Kinder bis zum 12. Lebensjahr werden nicht verschreibungspflichtige Arzneien nach wie vor von der Kasse bezahlt. Welche Mittel bei welcher Erkrankung weiterhin verschrieben werden dürfen, hat der Gemeinsame Bundesausschuss in einer Liste geregelt. Die Liste kann im Internet über die Adresse des Gemeinsamen Bundesausschusses (→ Seite 194) eingesehen werden. Für Patienten, deren bisherige Medikation nicht auf der Liste steht, bedeutet dies, dass sie die gesamten Kosten für diese Medikamente selbst tragen müssen. Die Kosten werden dabei noch nicht einmal bei der Berechnung der Höchstgrenze der maximal zu tragenden Eigenbeteiligung in der gesetzlichen Krankenversicherung berücksichtigt. Denn nach der Logik des Gesetzgebers handelt es sich nicht um

Eigenbeteiligungen

Bei vielen Leistungen müssen gesetzlich Versicherte Zuzahlungen erbringen, zum Beispiel Eigenanteile bei Fahrtkosten oder Heilmitteln. Um die Patienten nicht zu überfordern, sind diese Zuzahlungen auf 2 Prozent des Haushaltseinkommens begrenzt, bei schwer chronisch Kranken auf 1 Prozent.

eine Eigenbeteiligung, bei der die Krankenkasse einen Teil, der Patient den anderen Teil der Leistung zahlt, sondern um einen vollständig vom Patienten zu zahlenden Betrag.

Insbesondere schwer chronisch kranke Patienten sollten in der vom Gemeinsamen Bundesausschuss (Adresse → Seite 194) erstellten Liste nachlesen, ob ihre Erkrankung aufgeführt ist und, wenn ja, mit welcher Medikation. Für viele dieser Erkrankungen gibt es Selbsthilfegruppen, die in der Regel auch gut über die Möglichkeiten der Therapie informiert sind. Es kommt nämlich gelegentlich vor, dass sich Ärzte aus Unkenntnis weigern, ein nicht verschreibungspflichtiges Medikament zu verordnen, obwohl es auf der Liste steht. In einem solchen Fall kann der informierte Patient den Arzt auf die rechtlich zulässigen Möglichkeiten hinweisen.

Off-Label-Use

Jedes in Deutschland zugelassene Medikament hat diese Zulassung nur für die Behandlung bestimmter Erkrankungen. Wenn ein Arzt das Medikament für die Therapie anderer Erkrankungen einsetzen möchte, das ist der Off-Label-Use, verweigern die Krankenkassen häufig die Übernahme der Kosten. Das kann für den Arzt zur Folge haben, dass er – wenn er das Medikament trotzdem verschreibt – von den Krankenkassen in Regress genommen wird. Das bedeutet, er muss die Kosten des Medikaments selbst tragen. Sofern der Gebrauch des Medikaments für diese bestimmte Indikation aber wissenschaftlich anerkannt ist, wird der Arzt wiederum gegenüber dem Patienten haftbar, wenn er das Medikament nicht verschreibt und der Patient dadurch zu Schaden kommt. Der gemeinsame Bundesausschuss prüft einzelne Wirkstoffe und kann eine Verordnungsfähigkeit aussprechen.

Das Bundessozialgericht hat in einem Urteil im Jahr 2002 (Az. B 1 KR 37/00 R) klargestellt, in welchen Fällen die Kassen auch für den nicht bestimmungsgemäßen Gebrauch eines Medikaments aufkommen müssen:

- Dazu muss eine lebensbedrohliche oder eine schwere Erkrankung vorliegen, die die Lebensqualität nachhaltig beeinträchtigt.
- Es darf weiterhin keine zugelassene Therapiealternative geben.
- Die Off-Label-Anwendung muss einen begründbaren Erfolg versprechen.

Besonders weit verbreitet ist ein nicht bestimmungsgemäßer Arzneimittelgebrauch bei der Behandlung von Krebserkrankungen und in der Kinderheilkunde. In der Krebstherapie entwickelt sich der medizinische Fortschritt so rasch, dass die Zulassung der Medikamente damit oftmals nicht Schritt halten kann. Die Mittel werden dann vielfach auch ohne Zulassung angewendet.

In der Kinderheilkunde besteht ein anderes, grundsätzliches Problem. Da Medikamente nur nach umfangreichen Studien an Patienten zugelassen werden können, andererseits aus ethischen Gründen Kinder nicht in Studien einbezogen werden dürfen, gibt es fast keine Arzneimittel, die speziell für den Gebrauch bei Kindern zugelassen sind. Trotzdem verordnen Ärzte Kindern auch nicht speziell für sie zugelassene Medikamente und die Krankenkassen tolerieren

[ ] Tipp

Wenn Ihr Arzt Ihnen ein Medikament empfiehlt, dabei aber erwähnt, dass es für die Behandlung Ihrer Erkrankung eigentlich nicht zugelassen ist, lassen Sie sich gut begründen, warum es trotzdem eine gesicherte Therapiealternative für Sie ist. Immer dann, wenn der Arzt einen Therapieversuch mit einem Medikament unternehmen möchte, für dessen Wirksamkeit es bei Ihrer Erkrankung bislang überhaupt keine Anzeichen gibt, sollten Sie besonders vorsichtig sein und Rücksprache mit anderen Ärzten halten.

Handelt es sich hingegen bei dem Off-Label-Use um eine medizinisch gesicherte Verfahrensweise, ist der Arzt sogar verpflichtet, diese Alternative in Betracht zu ziehen. Er kann sie jedenfalls nicht mit dem Verweis auf eine möglicherweise für ihn persönlich bestehende Regressgefahr ablehnen. In einem solchen Fall macht er sich gegebenenfalls schadensatzpflichtig. Idealerweise versuchen Sie gemeinsam mit dem Arzt, die Situation mit Ihrer Kasse zu klären. Gegen den ablehnenden Bescheid eines Antrags auf Kostenübernahme können Sie dann wiederum gerichtlich vorgehen.

dies weitgehend: Es kommt also nicht dazu, dass Patienten wichtige Medikamente vorenthalten werden.

Erleidet ein Patient durch den Gebrauch eines Off-Label-Use-Medikaments einen Schaden, kann er dem Arzt allerdings nicht vorwerfen, er habe ihm ein Medikament verschrieben, das für diesen Gebrauch nicht zugelassen sei, wenn der Arzt darüber aufgeklärt hat und es sich bei der Anwendung um eine bereits medizinisch erprobte Standardtherapie handelt.

Sollte der Arzt nicht aufgeklärt haben oder handelt es sich nicht nur um ein nicht zugelassenes Medikament, sondern ist dies in keiner Weise erprobt, kann der Arzt haftbar sein.

Hilfsmittel

Zu den Hilfsmitteln zählen Gehhilfen, Rollstühle, Prothesen, Hörgeräte, aber auch orthopädische Einlagen in Schuhen oder Beutel für Patienten mit künstlichem Darmausgang (Stomapatienten). Hilfsmittel sollen gesundheitliche Beeinträchtigungen ausgleichen. Je nachdem, welchem Zweck das Hilfsmittel dient oder aus welchem Anlass es benötigt wird, kann es unterschiedliche Leistungsträger geben. So ist beispielsweise für Hilfsmittel, die nach einem Arbeitsunfall oder einer Berufserkrankung benötigt werden, die gesetzliche Unfallversicherung zuständig. Wenn es um eine behindertengerechte Ausstattung des Arbeitsplatzes geht oder um eine Maßnahme zur Förderung der Entwicklung eines Kindes, kann die Arbeitsagentur, die Deutsche Rentenversicherung Bund oder das Jugendamt zuständig sein. Daneben gibt es aber noch eine Vielzahl weiterer möglicher Ansprechpartner.

Da sich die Zuständigkeiten zum Teil überschneiden, ist es für Betroffene unter Umständen sehr schwierig, den richtigen Ansprechpartner zu finden und zu ihrem Recht zu kommen. Die Rentenversicherungsträger und Krankenkassen sind

daher vom Gesetzgeber verpflichtet worden, sogenannte
Servicestellen für Rehabilitation einzurichten. Die Mitarbeiter
der Servicestellen beraten über Zuständigkeiten und viele
andere Fragen zu Hilfsmitteln. Die Adresse der zuständigen
Servicestelle erfahren Sie bei Ihrer Krankenkasse oder der
Bundesarbeitsgemeinschaft für Rehabilitation (Adresse →
Seite 194).

Damit Anträge nicht zwischen den verschiedenen Kostenträgern hin- und hergeschoben werden und der Antragsteller
nicht unnötig lange auf das Hilfsmittel warten muss, ist jeder
der Sozialversicherungsträger verpflichtet, einen Antrag anzunehmen. Er muss dann den zuständigen Träger ermitteln
und den Antrag weiterleiten. Jeder kann also seinen Antrag
auf Hilfsmittel einfach bei seiner Krankenkasse einreichen.

Schnellere Bearbeitung von Anträgen

Mit dem Patientenrechtegesetz (§ 13 Abs. 3a SGB V) sollen
die gesetzlichen Kassen für alle Anträge auf Leistungen unter
Zeitdruck gesetzt werden: Wenn ein Antrag nicht innerhalb
von drei Wochen beschieden wurde oder wenn ein Gutachten,
etwa des Medizinischen Dienstes, nach fünf Wochen bzw. bei
zahnärztlichen Gutachten nach sechs Wochen nicht eingeholt
wurde, hat der Versicherte das Recht, sich die erforderliche
Leistung selbst zu beschaffen und die Kosten der Kasse in
Rechnung zu stellen.

Aber Achtung! In der Praxis wird das wohl schwierig: Zum einen
werden die Kassen ihre Computerprogramme so einstellen,
dass zumindest eine Mitteilung, warum die Sache noch in Bearbeitung ist, rechtzeitig an den Versicherten geht. Zum anderen
trägt der Versicherte das volle Risiko, ob die dann beschaffte
Sache oder Dienstleistung „erforderlich" war und überhaupt
hätte genehmigt werden können.

Insgesamt ist die Neuregelung wohl eher in Ausnahmefällen
Erfolg versprechend. Wer eine überlange Bearbeitung erlebt
sollte der Kasse aber zumindest mit dieser Möglichkeit drohen.

Wer ein Hilfsmittel benötigt, hat nach der Rechtsprechung des Bundessozialgerichts Anspruch auf eine individuelle Versorgung, die seiner speziellen Situation gerecht wird. Dabei darf die Kasse allerdings Wirtschaftlichkeitsüberlegungen anstellen: Sie kann also prüfen, ob beispielsweise ein Rollstuhl benötigt wird oder ob eine Gehhilfe bereits ausreichend wäre. Hilfsbedürftige sollen ihre elementaren Grundbedürfnisse erfüllen können – das sind zum Beispiel An- und Ausziehen, Sehen, Hören, Sprechen, Fortbewegung, aber auch Informationsbeschaffung und -verarbeitung oder das Herstellen und Aufrechterhalten von sozialen Kontakten. Dies ist bei der Bewertung der Notwendigkeit eines Hilfsmittels zu berücksichtigen. Es werden also die Kosten für spezielle Lesegeräte für Sehbehinderte übernommen, um das Informationsbedürfnis zu erfüllen, oder Sportbrillen für Kinder, damit sie am Schulsport teilnehmen können. Seit der Gesundheitsreform 2004 sind allerdings Brillen grundsätzlich von der Versorgung ausgenommen, obwohl sie eigentlich Hilfsmittel sind. Nur noch Kinder und Jugendliche unter 18 Jahren sowie stark Sehbehinderte erhalten einen Zuschuss zu Brillengläsern.

Die Kassen dürfen auch Festbeträge bestimmen, mit denen eine durchschnittliche Versorgung möglich ist. Wer eine teurere Versorgung, etwa mit besserem Tragekomfort oder optisch ansprechenderen Materialien wünscht, muss die Mehrkosten tragen. Wenn allerdings im individuellen Fall eine teurere Versorgung eine bessere Teilhabe am Leben ermöglicht, muss die Kasse auch dafür aufkommen. Das hat das Bundessozialgericht für die Kosten eines digitalen Hörgeräts bei einem fast tauben Patienten entschieden, bei dem die Kasse nur die Versorgung zum Festbetrag mit analogen Geräten bezahlen wollte (BSG, Urteil vom 17.12.2009, Az. B 3 KR 20/08 R).

Wenn ein »Hilfsmittel« auch von nicht behinderten oder nicht beeinträchtigten Menschen benötigt wird, übernehmen die

Sozialversicherungsträger die Kosten nicht. Ein Beispiel sind etwa Handys oder Telefone: Ein behinderter Mensch kann deshalb nicht die Kosten für ein Serientelefon oder -handy ersetzt bekommen, wohl aber die Mehrkosten, die bei einem Telefon mit einer Geräuschverstärkung für Hörbeeinträchtigte oder einem besonders großen Ziffernfeld für Sehbehinderte anfallen.

Ebenfalls nicht übernommen werden Mittel, die der Prävention einer neuen Erkrankung dienen. Das Bundessozialgericht hat zum Beispiel die Kostenübernahme der Kassen für sogenannte Hüftprotektoren abgelehnt, die sturzgefährdete Menschen tragen können, um die Folgen eines möglichen Sturzes zu verringern (BSG, Urteil vom 22.4.2009, Az. B 3 KR 11/07 R).

Die Abgrenzung ist oft nicht einfach. Und mit der zunehmenden Finanznot der Kassen häufen sich die Fälle, in denen Hilfsmittel mit der Begründung abgelehnt werden, sie seien Alltagsgegenstände oder im individuellen Fall nicht nötig, um bestimmte Lebensfunktionen wiederherzustellen. Zunehmen wird vermutlich auch die Zahl der Streitigkeiten, weil die Hilfsmittelindustrie durch den technischen Fortschritt immer wieder neue und ausgefeiltere Produkte auf den Markt bringt.

Umgekehrt kann aber nicht gefolgert werden, dass Antragsteller immer das neueste und damit teuerste

> **! Urteil**
>
> Ein Spezialtandem zur Mitnahme eines Rollstuhls muss abzüglich der Kosten für ein normales Fahrrad von der Kasse bezahlt werden (LSG NRW, Urteil vom 13.5.2005, Az. L16 KR 137/03).

> **! Urteil**
>
> Für Beinamputierte gibt es seit Jahren erprobte Prothesen, die Gehen und – mit einer gewissen Übung – Laufen ermöglichen. Seit jüngster Zeit sind zudem mikroprozessorgesteuerte, mit einer Vielzahl von kleinsten Motoren und elektronischen Bauteilen ausgestattete Prothesen auf dem Markt, die insbesondere für jüngere, sportlich trainierte Menschen ein wesentlich besseres Laufbild ermöglichen. Ein solches künstliches Bein (»C-Leg«) kostet circa 21.000 Euro und ist damit etwa 7.000 Euro teurer als eine herkömmliche Prothese. Einzelne Krankenkassen versuchen nun, die Bewilligung der teureren Prothesen mit dem Argument abzulehnen, ein Anspruch bestehe nur auf die Herstellung der Grundfunktionen, nicht jedoch auf ein verbessertes Gehverhalten oder die Teilnahme an sportlichen Aktivitäten. Dass Betroffene durchaus einen Anspruch auf eine sehr teure Prothese haben können, bestätigte ein Urteil des Bundessozialgerichts im September 2004: Die Kasse muss ein C-Leg zahlen, wenn die Vorteile erwiesen sind und der Behinderte die Vorteile im Alltag voraussichtlich nutzen wird (Az. B 3 KR 20/04 R).

Hilfsmittel beanspruchen können. Entscheidend sind jeweils die individuellen Bedürfnisse. So kann ein Hilfsmittel, mit dem aufwendig trainiert werden muss, damit es verwendet werden kann, nicht angemessen sein, wenn der Betreffende gar nicht in der Lage ist, entsprechende Trainingseinheiten durchzuführen oder die durch das Hilfsmittel zu erzielenden Verbesserungen zu nutzen. Wer also aufgrund einer sonstigen Erkrankung, zum Beispiel des Herz-Kreislauf-Systems, gar nicht in der Lage ist zu laufen, kann nicht eine Prothese beanspruchen, die im Unterschied zu einer herkömmlichen nicht nur das Gehen, sondern eben auch das Laufen ermöglicht. Aber auch ein sportlicher Rollstuhlfahrer kann keinen Spezialrollstuhl zum Basketballspielen erhalten, wenn er bereits einen Aktivrollstuhl hat (BSG, Urteil vom 18.5.2011, Az. B3 KR 10/10).

[ ] Tipp

Im Streitfall können Sie sich bei den Servicestellen, bei Selbsthilfegruppen, Sanitätshäusern und anderen Hilfsmittellieferanten informieren und beraten lassen. Häufig verfügen auch die Hersteller der neuen Hilfsmittel über wichtige Informationen. Die Verfahrensregeln bei Widersprüchen gegen Entscheidungen der Krankenkassen oder anderer Sozialversicherungsträger finden sich im Kapitel »Patientenrechte durchsetzen« (→ Seite 173 ff.).

Das Hilfsmittelverzeichnis

Um bei der Vielzahl der am Markt erhältlichen Hilfsmittel den Überblick zu behalten, haben die Spitzenverbände der Krankenkassen einen Hilfsmittelkatalog (https://hilfsmittel. gkv-spitzenverband.de) erstellt. In ihm sind Produkte verzeichnet, für die die Krankenkassen in der Regel die Leistung übernehmen. Gelegentlich entsteht der Eindruck, dass dieses Hilfsmittelverzeichnis ein abschließender Katalog sei, dass also Hilfsmittel, die nicht dort aufgeführt sind, auch nicht von der Kasse übernommen werden. Das ist nicht richtig.

Ein Antragsteller hat immer das Recht, dass speziell für seinen Fall geprüft wird, ob das beantragte Hilfsmittel erforderlich ist. Diese Entscheidung kann nicht in einem allgemeinen Katalog vorweggenommen werden. Die Sozialgerichte haben Patienten daher in vielen Fällen Hilfsmittel zuerkannt, die nicht im Katalog aufgeführt waren. Wenn die Krankenkasse also ein Hilfsmittel ablehnt, weil es nicht im Hilfsmittelkatalog enthalten sei, reicht dies als alleinige Begründung nicht aus. Ein Widerspruch gegen einen solchen Bescheid kann deshalb durchaus Erfolg haben.

Lehnt die Kasse oder ein anderer Sozialversicherungsträger ein Hilfsmittel für Sie mit einer solchen Begründung ab, sollten Sie sich erkundigen, ob es bereits Urteile gibt, die die Übernahme der Kosten für das Hilfsmittel generell für unzulässig halten oder ob das Hilfsmittel noch nicht Gegenstand einer klinischen Überprüfung war. Bei ganz neuen Techniken oder Verfahren haben Sie wie jeder einen Anspruch darauf, dass diese Hilfsmittel von der Kasse oder vom Medizinischen Dienst der Krankenversicherung (MDK) auf Funktionstauglichkeit, therapeutischen Nutzen und Qualität überprüft werden. Um solche zum Teil sehr aufwendigen Prüfverfahren zu beschleunigen, sollten Sie dem Antrag bereits so viele Unterlagen wie möglich beifügen, zum Beispiel Unterlagen des Herstellers oder Informationen zu internationalen Erfahrungen mit den entsprechenden Geräten.

Das Hilfsmittel besorgen
Auch wenn die Kasse ein Hilfsmittel bewilligt und die Kostenübernahme zugesagt hat, können bei der konkreten Belieferung Probleme auftreten. Aus wirtschaftlichen Gründen sind die Kassen zunehmend dazu übergegangen, Verträge mit einzelnen Hilfsmittelanbietern abzuschließen, da sie so besondere Rabatte bekommen und die Kosten niedrig halten können. Das darf jedoch nicht dazu führen, dass der Patient an einen sehr weit entfernten Händler verwiesen wird, wenn er ein Hilfsmittel benötigt, in dessen Gebrauch er erst eingewiesen werden muss. Ebenso muss sichergestellt sein, dass Ersatzteile oder Verbrauchsmittel (zum Beispiel Teststreifen für Blutzuckermessgerät) zügig geliefert werden können. Wer von einem weit entfernten Händler oder Depot versorgt wird, kann sich bei der Krankenkasse beschweren, wenn es

aufgrund der Entfernung zu Engpässen in der Versorgung kommt. Wenn dadurch Kosten entstehen – zum Beispiel durch die Miete eines Ersatzrollstuhls, weil ein Ersatzteil nicht geliefert wird –, kann der Patient verlangen, dass seine Kasse dafür aufkommt.

Da die Kasse wirtschaftlich handeln muss, kann sie auch ein bereits gebrauchtes Hilfsmittel zur Verfügung stellen, nachdem es gereinigt und gegebenenfalls instand gesetzt wurde. Entscheidend ist, dass der angestrebte Zweck erreicht wird. Insbesondere bei Krankenbetten und Rollstühlen wird so verfahren: Dabei muss beachtet werden, dass auch in solch einem Fall das Hilfsmittel individuell angepasst ist. Manche Sanitätshäuser verlangen neben den gesetzlichen Zuzahlungen noch weitere Zuzahlungen von Patienten. Wenden Sie sich in solchen Fällen an Ihre Kasse und bestehen Sie auf Ihrem Recht, das Hilfsmittel ohne weitere Zuzahlungen zu erhalten.

Ansprüche rund um Hilfsmittel

- Ausbildung zum Gebrauch des Hilfsmittels, gegebenenfalls auch für Hilfspersonen (zum Beispiel zum Anlegen einer Prothese),
- individuelle Anpassung des Hilfsmittels,
- Reparatur oder Ersatzbeschaffung, wenn das Hilfsmittel nicht schuldhaft zerstört oder beschädigt wurde,
- notwendiges Zubehör,
- Übernahme der Betriebskosten (zum Beispiel Unterhaltskosten für einen Blindenhund, Ersatzbatterien – außer bei Hörgeräten –, Haftpflichtversicherung für einen Elektrostraßenrollstuhl),
- Zweitgeräte, wenn das Hilfsmittel aus hygienischen Gründen nicht dauernd getragen werden kann.

Fahrtkosten

Viele kranke, behinderte oder alte Menschen sind nicht in
der Lage, einen Arzt aufzusuchen. Dann können sie den Arzt
um einen Hausbesuch bitten (→ Seite 48) oder sich per Taxi
bzw. Krankentransport in eine Praxis fahren lassen.

> **Diesen Personen werden die Fahrtkosten ersetzt:**
>
> Anspruch auf die Erstattung der Fahrtkosten zu ambulanten
> Behandlungen haben gesetzlich Versicherte, die zur Strah-
> lenbehandlung, zur Chemotherapie und zur Dialyse müssen,
> sowie andere Patienten »bei vergleichbaren Umständen und
> Behandlungen«. Dass eine Vergleichbarkeit mit den direkt
> genannten Therapien bei einem Patienten gegeben ist, muss
> der behandelnde Arzt mit einem Attest bestätigen.
>
> Darüber hinaus werden schwerbehinderten Menschen mit
> außergewöhnlicher Gehbehinderung, Erblindung oder be-
> sonderer Hilfebedürftigkeit (Schwerbehindertenausweise mit
> Vermerk aG, Bl oder H) sowie Pflegebedürftigen mit Pflegestufe
> II oder III die Fahrtkosten ersetzt.

Der Arzt muss die Fahrten verordnen. Nachdem die Kasse die
Fahrten genehmigt hat, kann der Patient die Kosten mit ihr
abrechnen. Bis dahin muss der Patient in Vorlage treten. Falls
der Patient den Arzt noch mithilfe öffentlicher Verkehrsmittel
erreichen kann oder ein privater Pkw-Transport möglich ist,
muss der Arzt die Fahrten nicht verordnen. Patienten sollten
sich jedoch den Arztbesuch bestätigen lassen, dann können
sie auch diese Kosten anteilig ersetzt bekommen. Fahrten ins
Krankenhaus oder zu ambulanten Operationen übernimmt
die Kasse für alle Versicherten, wenn sie vom Arzt verordnet
sind. Bei genehmigten Fahrten müssen gesetzlich Versicherte 10 Prozent der Kosten, mindestens jedoch 5 und höchstens
10 Euro, aber nie mehr als die tatsächlichen Kosten tragen.
Diese Regelung gilt auch für Kinder und Jugendliche.

Nachträgliche Genehmigungen sind nur für Notfälle vorgesehen. Das heißt nach der Richtlinie, dass sich der Versicherte
in Lebensgefahr befindet oder schwere gesundheitliche
Schäden zu befürchten sind. Hochbetagten, behinderten
oder gesundheitlich stark beeinträchtigten Versicherten, die
am Wochenende etwa wegen akuter Zahnschmerzen zum
Arzt müssen, werden die Kosten für die Fahrt zur Notarzt-
praxis daher nicht ersetzt, da eine vorherige Genehmigung
nicht erfolgen konnte, andererseits aber auch kein lebensbe-
drohlicher Zustand vorliegt. Die Krankenkassen können aber
Schwerbehinderten oder Pflegebedürftigen der Stufe 2 auch
eine generelle Genehmigung ausstellen.

Einige Kassen gehen sehr restriktiv mit Anträgen zur Kostenübernahme um, auch wenn der Arzt die Fahrten verordnet
hat. Es wird entweder die Wahl des Transportmittels infrage
gestellt (Patient beantragt Taxi, Kasse verweist auf Bus oder
Bahn) oder die Schwere der Erkrankung. Wer gegen einen
ablehnenden Bescheid Widerspruch einlegen will, sollte
dies unbedingt mit dem behandelnden Arzt absprechen. Im
Idealfall unterstützt er den Widerspruch mit einer gegenüber
dem Antrag erweiterten, ausführlichen Begründung. Sozial-
hilfeempfänger können die Kosten nicht genehmigter Fahrten
gegenüber dem Sozialamt geltend machen (nicht jedoch die
Zuzahlungen zu genehmigten Fahrten).

Häusliche Krankenpflege

Patienten können häusliche Krankenpflege in Anspruch nehmen, wenn sich so ein Krankenhausaufenthalt vermeiden
oder abkürzen lässt oder wenn ein gebotener Krankenhausaufenthalt nicht möglich ist (»Krankenhausersatzpflege«).
Krankenpflege kommt auch in Betracht, wenn sie nötig ist,
um das gewünschte Behandlungsziel zu erreichen (»Behandlungssicherungspflege«), wenn zum Beispiel Verbände gewechselt werden müssen, damit eine Wunde optimal verheilt.

Die Krankenhausersatzpflege umfasst alle pflegerischen Leistungen, so wie sie im Krankenhaus erbracht würden. Dazu gehört auch die hauswirtschaftliche Versorgung. Die Kasse bewilligt diese Leistung pro Krankheitsfall für höchstens vier Wochen; sie kann nach Begutachtung durch den Medizinischen Dienst der Krankenkassen verlängert werden.

Bei der Behandlungssicherungspflege werden nur Maßnahmen der Behandlungspflege (zum Beispiel Verbandswechsel, Injektionen, Katheterversorgung) erbracht, nicht aber Leistungen der Grundpflege (wie Körperpflege, Nahrungsaufnahme) und Haushaltshilfe – die Kassen können den Umfang ihres Angebots aber erweitern. Die Dauer der Behandlungspflege hängt von der ärztlichen Anordnung ab, sie kann wie der Umfang in der Satzung der Krankenkasse geregelt sein. Behandlungssicherungspflege erhält ein Patient nicht nur in seiner Wohnung, sie kann bei Bedarf auch in der Schule oder am Arbeitsplatz erfolgen.

> **! Urteil**
>
> Das Landessozialgericht NRW hat eine Krankenkasse dazu verurteilt, bei einem behinderten Kind eine Blasenentleerung auch im Kindergarten zu bezahlen (LSG NRW, Urteil vom 4.5.2005, Az. L 16 KR 99/04).

Oft ist es problematisch, Leistungen der Behandlungssicherungspflege von den Leistungen der Pflegeversicherung abzugrenzen. Wenn die Krankenkasse bei Beziehern von Leistungen aus der Pflegeversicherung häusliche Krankenpflege generell ablehnt, sollte der Versicherte sich über die Möglichkeiten eines Widerspruchs beraten lassen (→ Seite 182 f.).

Teilweise versuchen die Krankenkassen, Maßnahmen der Behandlungspflege auf Angehörige abzuwälzen. Beispielsweise müssen Patienten mit drohendem oder vorhandenem grauen Star oft mehrmals am Tag Augentropfen anwenden. Sind sie dazu aufgrund körperlicher Gebrechen oder anderer Erkrankungen (zum Beispiel Demenz) nicht in der Lage, kann der Arzt Behandlungspflege verordnen, sodass ein Pflegedienst die Tropfen verabreicht. Krankenkassen verweigern die Kostenübernahme gelegentlich mit dem Argument, dass solche einfachen pflegerischen Tätigkeiten von Angehörigen vorgenommen werden können. Dies ist nur dann zulässig, wenn einer im Haushalt lebenden Person dies zumutbar ist. Bei der Verabreichung von Augentropfen wird dies eher der Fall sein als beim Wechsel eines Blasenkatheters – es kommt aber immer auf den Einzelfall an. Das Bundessozialgericht hat wegen der Intimität aller pflegerischen Handlungen bei der Beurteilung der Zumutbarkeit nicht nur darauf geachtet, dass der Angehörige die Tätigkeit vornehmen kann, sondern dass er und der Pflegebedürftige auch dazu bereit sind.

Versicherte müssen für die häusliche Krankenpflege pro Verordnung 10 Euro zuzahlen sowie 10 Euro täglich für höchstens 28 Tage im Jahr. Bei häuslicher Krankenpflege wegen Schwangerschaft oder Geburt entfällt die Zuzahlung. Für die Zuzahlungen zur häuslichen Krankenpflege stellt die Krankenkasse dem Versicherten eine Rechnung. Wenn die Zahlungshöchstgrenze von 28 Tagen in einem Jahr bereits erreicht ist, sollten Versicherte ihre Kasse bei erneuter Inanspruchnahme darauf hinweisen.

Heilmittel

Heilmittel werden eingesetzt, um Krankheitsbeschwerden zu lindern, Krankheiten zu heilen oder ihre Verschlimmerung zu verhindern. Zu Heilmitteln gehören Dienstleistungen wie physikalische Therapie (Massagen, Krankengymnastik), die Stimm-, Sprech- und Sprachtherapie sowie die Ergotherapie. Sie werden von zugelassenen Therapeuten nach einer ärztlichen Verordnung erbracht.

Welche Heilmittel verordnungsfähig sind, steht in den Heilmittel-Richtlinien. Im Heilmittel-Katalog (www.g-ba.de/institution/themenschwerpunkte/heilmittel/heilmittelkatalog/) sind einzelnen Erkrankungsbildern die Heilmittel zugeordnet, deren Einsatz am sinnvollsten ist.

Die Aufnahme neuer Heilmittel in das Verzeichnis regelt der
Gemeinsame Bundesausschuss (→ Seite 63). Versicherte
müssen 10 Prozent der Kosten des Heilmittels zuzüglich 10
Euro je Verordnung übernehmen. Kinder und Jugendliche
sind von den Zuzahlungen befreit.

Heilmittel für Privatversicherte

Privatversicherte müssen Heilmittel direkt mit dem Therapeuten abrechnen und können die Rechnung bei ihrer
Versicherung einreichen, damit die Kosten erstattet werden.
Da es zum Beispiel bei Physiotherapeuten keine Gebührenordnung gibt, kann der Patient den Preis pro Behandlungseinheit
mit ihm frei vereinbaren. Dies führt gelegentlich dazu, dass
Privatpatienten von ihrer Versicherung nicht den vollen Betrag
erstattet bekommen – entscheidend sind die Regelungen des
eigenen Vertrags/Tarifs: Soweit die Versicherungsgesellschaft
dort Höchstbeträge für Heilmittel festgesetzt hat oder sich an
andere Tarife, etwa die Beihilfesätze anlehnt, wird der Versicherte nicht mehr bekommen, auch wenn er mit dem Physiotherapeuten einen höheren Betrag vereinbart hat. Die Differenz
muss er dann selbst tragen. Sofern im Vertrag nichts geregelt
ist, hat der Versicherte gegenüber der Kasse den Anspruch auf
die volle Übernahme, wenn die Kosten sich im üblichen Rahmen bewegen. Privatpatienten sollten sich daher möglichst vor
Beginn der Therapie beim Therapeuten und bei ihrer Versicherungsgesellschaft nach den Sätzen erkundigen.

Pro Rezept kann der Arzt in der Regel zunächst sechs Einheiten für die physikalische Therapie und zehn Einheiten für
Maßnahmen der Ergotherapie sowie der Stimm-, Sprech- und
Sprachtherapie verordnen. Je nach Erkrankung ist die Zahl
der Anwendungen begrenzt. Bis die Höchstmenge erreicht
ist, kann der Arzt mehrfach Verordnungen über die sechs bzw.
zehn Einheiten ausstellen. Allerdings sind Ausnahmen – also
Verordnungen über die Höchstmenge hinaus – möglich, wenn
dies medizinisch begründet ist, beispielsweise für Patienten
nach einem Schlaganfall. Der Patient muss dies beantragen
und die Krankenkasse muss es genehmigen. In diesen Fällen

kann der Arzt die Verordnungsmenge pro Rezept selbst bestimmen.

Üblicherweise ist nach Abschluss eines Behandlungsintervalls eine zwölfwöchige Therapiepause einzuhalten. Wenn der Arzt eine sofortige Weiterbehandlung für erforderlich hält, muss er dies in einem Antrag gegenüber der Kasse begründen und kann dann weitere Anwendungen verordnen, bis zu der für diese Diagnose festgelegten Höchstgrenze. Der Antrag muss spätestens zehn Tage nach der Verordnung und vor Beginn der Behandlung bei der Krankenkasse vorliegen. Während das Antragsverfahren bei der Krankenkasse läuft, kann der Patient bereits mit der Therapie beginnen. Auch wenn die Kasse den Antrag ablehnt, kann sie die bis dahin entstehenden Kosten nicht zurückfordern.

Wenn die Kasse einen Antrag auf eine längerfristige – über die festgesetzten Höchstmengen hinaus andauernde – Behandlung ablehnt, sollte der Patient den Arzt bitten, den Widerspruch mit einer gegenüber dem Antrag erweiterten, ausführlichen Begründung zu unterstützen. Versicherte sollten auch die behandelnden Therapeuten auf eine ergänzende Stellungnahme ansprechen.

Kur und Reha

Den Begriff »Kur« gibt es im Krankenversicherungsrecht nicht mehr, doch hält er sich hartnäckig in den Köpfen von Patienten und Ärzten. Die Maßnahmen der »ambulanten und stationären Vorsorgeleistungen« stehen gesetzlich Versicherten als Therapie bzw. als Vorbeugungsmaßnahmen zur Verfügung. Für Privatversicherte gibt es diese Leistungen nach den meisten Verträgen nicht.

Die Bewilligung einer ambulanten Vorsorgeleistung erfolgt nur auf Antrag. Die Krankenkasse wird gegebenenfalls durch den Medizinischen Dienst der Krankenversicherung (MDK) prüfen lassen, ob beim Versicherten die Voraussetzungen vorliegen. Denn die Kasse bewilligt die Maßnahme nur, wenn der Gesundheitszustand des Patienten so geschwächt ist, dass er – ohne Behandlung – voraussichtlich in absehbarer Zeit erkranken wird. Notwendig wird eine Vorsorgemaßnahme auch, damit sich eine bestehende Krankheit nicht verschlimmert oder damit ein Versicherter nicht pflegebedürftig wird.

❰ ❱ Beispielfall

Herr M. ist in seinem Beruf stark eingespannt. Seit einigen Jahren hat er das Gefühl, den steigenden Ansprüchen nicht mehr gerecht zu werden. Immer wieder klagt er über starke Rückenschmerzen und seit einigen Wochen auch noch über ständige Ohrgeräusche. Sein Arzt schlägt ihm vor, eine Kur zu machen, da die aus der Überlastung resultierenden Erkrankungen chronisch werden könnten und so die Arbeitsfähigkeit verloren gehen könnte. Die akuten Beschwerden müssten behandelt werden und er müsse lernen, dauerhaft mit den Belastungen seines Berufs besser umgehen zu können.

Für alle Indikationen gilt, dass eine Maßnahme in einem Kurort nur in Betracht kommt, wenn alle medizinischen Maßnahmen am Wohnort erschöpft sind oder keine geeignete Behandlung zur Verfügung steht. Bei der ambulanten Kur übernimmt die Krankenkasse alle anfallenden ärztlichen Leistungen sowie die Heilmittel, abzüglich der Zuzahlungen. Die Kosten für Unterkunft, Verpflegung und Fahrten trägt der Versicherte. Die Krankenkasse leistet einen Zuschuss bis zu 13 Euro täglich, bei chronisch kranken Kleinkindern bis zu 21 Euro täglich. Die Zuzahlung fällt – als Satzungsleistung – bei den Kassen unterschiedlich hoch aus. Die ambulante Kur wird meist für drei Wochen bewilligt, kann aber bei medizinischer Notwendigkeit verlängert werden. Eine erneute Kur erhält der Versicherte erst nach drei Jahren. Ausnahmen sind nur möglich, wenn dies aus gesundheitlichen Gründen dringend erforderlich ist, besonders Kinder können davon profitieren. Wenn der Arzt einem Arbeitnehmer eine ambulante Kur verschreibt, führt dies in der Regel nicht zur Arbeitsunfähigkeit. Das bedeutet, der Arbeitnehmer hat keinen Anspruch auf Lohnfortzahlung oder Krankengeld. Man muss also seine Urlaubstage dafür verwenden.

Wenn ein Patient eine stationäre Vorsorgekur bekommen möchte, sind die gleichen Voraussetzungen zu erfüllen wie bei der ambulanten Kur. Die Kasse bewilligt eine stationäre Kur jedoch nur, wenn der gewünschte Erfolg mit der ambulanten Kur nicht erreicht werden kann. Bei der stationären Kur übernimmt die Kasse neben den ärztlichen Behandlungen und den Heilmitteln auch die Kosten für Unterkunft und Verpflegung sowie die Kosten für An- und Abreise (Bahnfahrt 2. Klasse). Der Versicherte muss täglich 10 Euro zuzahlen sowie die Zuzahlungen bei den Fahrtkosten tragen (→ Seite 83). Den Ort der Kur kann die Krankenkasse festlegen, sie soll allerdings Wünsche des Versicherten berücksichtigen. Die stationäre Kur wird in der Regel für drei Wochen bewilligt, der Zeitraum kann aber bei medizinischer Notwendigkeit verlängert werden. Kinder unter 14 Jahren erhalten stationäre Kuren meist für vier bis sechs Wochen. Die Kosten werden voll übernommen. Eine erneute Kur wird Versicherten erst nach vier Jahren genehmigt. Eine vorzeitige Bewilligung erfolgt nur dann, wenn dies aus gesundheitlichen Gründen dringend erforderlich ist; dies ist vor allem bei Kindern gegeben.

Der Betrag, den die Kassen insgesamt für Kurmaßnahmen ausgeben dürfen, ist »gedeckelt«. Es steht also nur eine bestimmte Summe zur Verfügung. Das darf aber nicht dazu führen, dass die Krankenkasse einem Versicherten, der die Anspruchsvoraussetzungen erfüllt, eine Maßnahme verweigert. Gegen eine ablehnende Entscheidung der Krankenkasse kann der Versicherte mit Widerspruch und Klage vorgehen (→ Seite 180 ff.).

Als besondere Maßnahmen gibt es Mutter-/Vater-Kind-Kuren
als Vorsorgekur, damit drohende Erkrankungen vermieden
werden, und als Rehabilitation, wenn ein Kind und/oder die
Mutter/der Vater bereits erkrankt ist/sind. Bei ärztlicher
Verschreibung besteht grundsätzlich ein Anspruch. Träger
der Maßnahme ist in der Regel das Müttergenesungswerk
(Adresse → Seite 194), dort gibt es auch Beratung und Informationen. Für die Maßnahme sind Zuzahlungen von 10
Euro täglich zu leisten, wobei An- und Abreisetag als ein Tag
zählen.

Rehabilitation

Leistungen zur Rehabilitation werden vorrangig von den
Rentenversicherungsträgern, den Unfallversicherungsträgern
sowie den Versorgungsämtern getragen. Die Leistungen der
Krankenkassen sind immer nachrangig. Da oft sehr schwierig
zu klären ist, wer für die Rehabilitationsleistungen zuständig
ist, kommt der Beratungsverpflichtung der Sozialleistungs-
träger hier eine besondere Bedeutung zu. Die Träger der
Sozialversicherung sind verpflichtet, dafür gemeinsame Beratungsangebote zu schaffen (→ Seite 77 f.).

Ansprüche gegenüber der gesetzlichen Krankenkasse auf
ambulante medizinische Rehabilitation haben Versicherte,
bei denen ambulante Krankenbehandlung nicht ausreicht,
»um eine Behinderung oder Pflegebedürftigkeit abzuwen-
den, zu beseitigen, zu mindern, auszugleichen, ihre Verschlimmerung zu verhüten oder ihre Folgen zu mildern«. Die
Maßnahme erfolgt in einer von der Krankenkasse zugelassenen und möglichst wohnortnahen Rehaeinrichtung. Die
Regeldauer beträgt 20 Tage; sie kann, wenn es medizinisch
notwendig ist, verlängert werden. Die Kasse übernimmt
Lohnfortzahlung und Krankengeld.

Reicht eine ambulante Rehamaßnahme nicht aus, kann
ein Patient auf Antrag auch eine stationäre Rehaleistung in
Anspruch nehmen, etwa bei Suchterkrankungen, bei psychi-

schen Krankheiten oder im Anschluss an eine Krankenhausbehandlung bei schweren Krankheiten wie Krebs, Schlaganfall oder Herzinfarkt. Die Regeldauer beträgt drei Wochen,
kann aber aus medizinischen Gründen verlängert werden,
wenn dies unerlässlich und unaufschiebbar ist. Die Leistung
erfolgt nur in Einrichtungen, mit denen die Krankenkasse
einen Versorgungsvertrag geschlossen hat. Der Versicherte
trägt 10 Euro täglich als Zuzahlung. Schließt sich die Maßnahme als Anschlussheilbehandlung an einen Krankenhausaufenthalt an, ist die Zuzahlung auf 28 Tage begrenzt, wobei
die Krankenhaustage mitzählen.

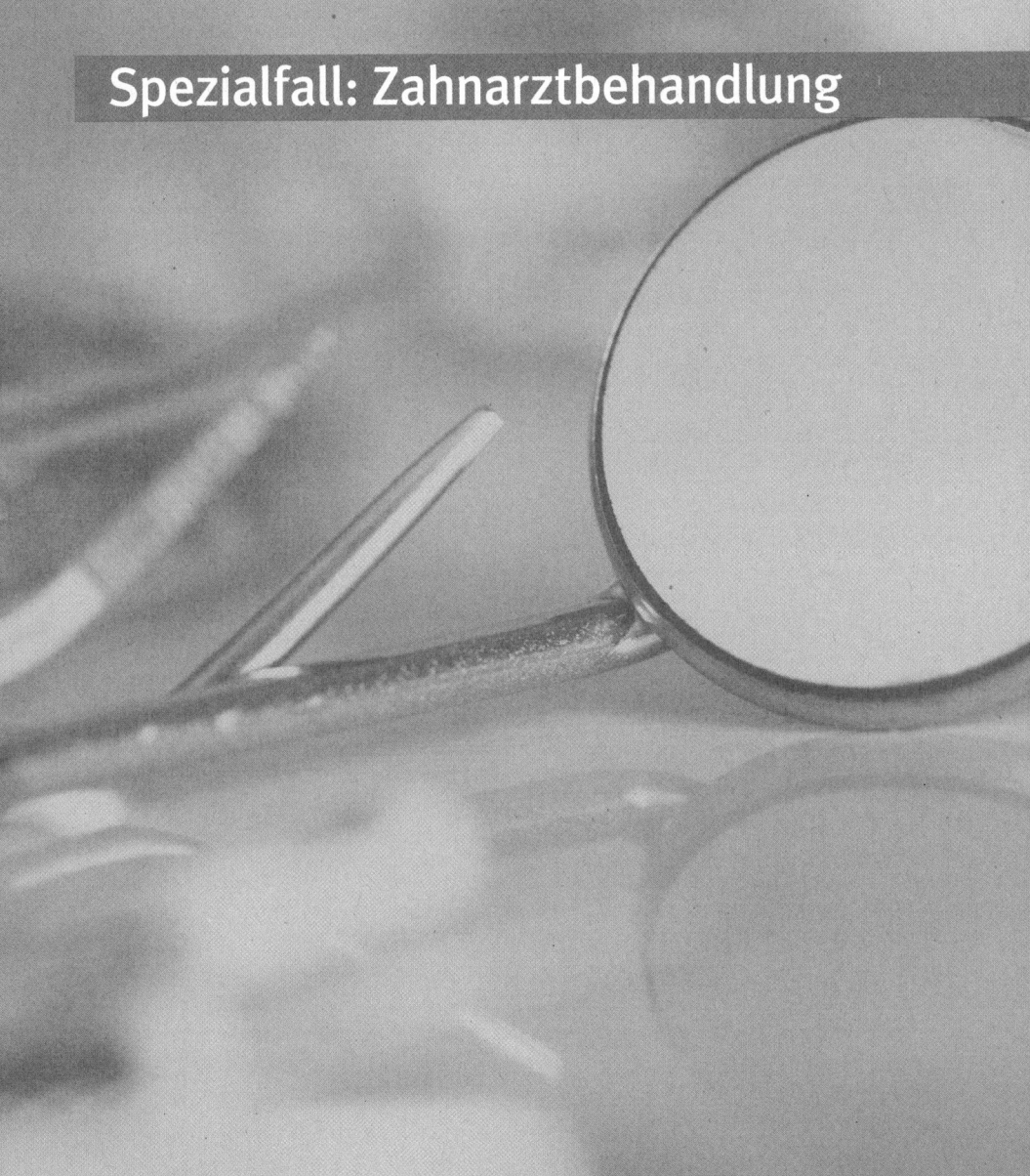

Spezialfall: Zahnarztbehandlung

Zahnärzte behandeln ihre Patienten kaum mit Medikamenten, dafür kommen in vielen Fällen Verfahren mit einem hohen handwerklichen Aufwand zum Einsatz. Lange war deshalb umstritten, ob der Zahnarzt – wie ein Handwerker – für den Erfolg haften müsse. Inzwischen ist allgemein anerkannt, dass er wie die übrigen Ärzte nur ein fachgemäßes Bemühen schuldet, den Heilerfolg aber nicht garantieren muss. Nur der Teil der Leistungen, die handwerklich ausgeführt werden, unterliegt dem Werkvertragsrecht. Eine weitere wichtige Besonderheit: Vor allem beim Zahnersatz müssen Patienten tief in die Tasche greifen. Nicht selten entstehen Kosten von mehreren Tausend Euro. Da verwundert es nicht, dass Zahnarztbehandlungen und -rechnungen oft Anlass für Ärger sind.

Probleme bei der Behandlung

Zahnärzte greifen häufiger direkt in den Körper des Patienten ein als andere niedergelassene Ärzte, indem sie zum Beispiel Zähne ziehen, kariöse Stellen entfernen oder operieren.

Über die damit verbundenen Risiken muss der Zahnarzt aufklären, vor allem wenn dies bleibende Beeinträchtigungen nach sich ziehen kann, etwa Verletzungen von Nerven. Viele Zahnärzte fragen ihre Patienten schon bei kleineren Eingriffen, ob sie eine Spritze wünschen, da sie dann entspannter arbeiten können. Ob und welche Risiken damit verbunden sind, muss der Zahnarzt sagen.

! Urteil

Ein Zahnarzt hatte es unterlassen, den Patienten darüber zu informieren, dass es durch die Betäubungsspritze zu einer dauerhaften Gefühllosigkeit der Zunge kommen kann. Dies tritt zwar äußerst selten auf, dennoch wurde der Zahnarzt zu Schadenersatz und Schmerzensgeld verurteilt (OLG Koblenz, Urteil vom 13.5.2004, Az. 5 U 41/03).

Da Zahnärzte häufig körperfremde Materialien – Metalle, Keramiken und Chemikalien – im Mund des Patienten verwenden, sind sie verpflichtet, auf das Risiko möglicher Unverträglichkeiten hinzuweisen. Wenn ein Patient den Zahnarzt auf eine bestehende Allergie aufmerksam macht, muss dieser das selbstverständlich beachten (OLG Bremen, Urteil vom 13.2.2001, Az. 3 U 28/00).

Amalgam

Amalgam, die Legierung aus Quecksilber und anderen Metallen (Silber, Zinn und Kupfer), hat sehr gute mechanische Eigenschaften und wird deshalb als Standardmaterial bei Zahnfüllungen eingesetzt. Manche Patienten betrachten Amalgam jedoch mit Skepsis, da bereits minimale freigesetzte Quecksilbermengen allergische Reaktionen auslösen können. Die Verwendung von Amalgam kann jedoch trotzdem nicht als Kunstfehler gewertet werden: Lediglich wenn der Zahnarzt eine bekannte Allergie nicht berücksichtigt, verstößt er gegen die Sorgfaltspflichten und haftet für die Folgen. Gesetzliche Kassen wie private Versicherer übernehmen nur bei Nachweis einer allergischen Reaktion – dazu benötigt der Patient eine Bescheinigung nach den Kriterien der Kontaktallergiegruppe der Deutschen Gesellschaft für Dermatologie – oder bei Patienten mit Nierenkrankheiten die Kosten der nächstteureren Füllungsalternative. Eine weitere Ausnahme ist der Frontzahnbereich: Dort zahlen private wie gesetzliche Versicherer auch für Kunststofffüllungen. Bei Patienten, die eine Behandlung mit Amalgam auch ohne Allergie ablehnen, übernimmt die Krankenkasse anteilig die Kosten der Amalgamfüllung.

Zahnärzte müssen ihre Patienten persönlich aufklären, sie dürfen diese Aufgabe nicht auf die Zahnarzthelferin übertragen. Schriftliches Material kann die Aufklärung unterstützen, reicht aber allein nicht aus. Ist der Patient der deutschen Sprache nicht mächtig, muss der Zahnarzt über einen Dolmetscher – das kann ein Angehöriger oder Bekannter des Patienten sein – sicherstellen, dass er die Erklärungen versteht. Ist der Zahnarzt im Streitfall nicht in der Lage zu beweisen, dass er den Patienten aufgeklärt hat, kann dieser Schadenersatz geltend machen. Das kann bedeuten, dass der Patient kein Honorar zahlen muss (LG München I, Urteil vom 14.7.1994, Az. 6 O 14 307/92). Ein wichtiger Punkt der Aufklärung sind immer wieder die möglichen Behandlungsalternativen, weil davon vielfach abhängt, welchen Betrag ein Patient selbst finanzieren muss (→ Seite 96 ff.).

Natürlich hat auch ein Patient beim Zahnarzt das Recht auf Einsicht in seine Krankenunterlagen. Er kann verlangen, dass für ihn Kopien angefertigt und ihm gegen Erstattung der Portokosten zugesandt werden. Er sollte sich schriftlich die Erklärung geben lassen, dass die Unterlagen vollständig sind.

Röntgenbilder können ein wichtiges Beweismittel bei Behandlungsfehlern sein, sie müssen zehn Jahre aufgehoben werden. Grundsätzlich kann ein Patient verlangen, dass der Zahnarzt die Original-Röntgenbilder herausgibt, um eventuelle Behandlungsfehler zu überprüfen (OLG München, Urteil vom 19.4.2001, Az. 1 U 6107/00). Er muss die Aufnahmen auch weiterbehandelnden Zahnärzten vorübergehend überlassen. Gegen Erstattung der Kopierkosten muss er dem Patienten Kopien aushändigen.

Patienten sollten in jedem Fall darauf bestehen, dass ihnen der Zahnarzt eine Kopie des Heil- und Kostenplans (→ Seite 102 ff.) überlässt. Die Heil- und Kostenpläne sind zwar für Laien schwer verständlich, sie sind aber eine wichtige Unterlage, wenn es um Verhandlungen mit anderen Zahnärzten geht oder wenn es Streit über die endgültige Ausfertigung der Arbeit oder Abrechnung gibt. Eine Erklärungshilfe zum Heil- und Kostenplan finden Sie unter www.vz-nrw.de.

Zahnersatz

Für Zahnersatz werden von den Patienten oft mehrere Tausend Euro als Selbstbeteiligung gefordert. Die Laborkosten machen einen großen Teil der Kosten aus. Aber selbst wenn es einem Patienten über Internet oder Informationen seiner Krankenkasse gelingt, ein preiswerteres Angebot einzuholen, wird es schwierig sein, den Zahnarzt zur Kooperation mit diesem Labor zu bewegen. Denn die meisten Zahnärzte arbeiten nur mit einem (ihrem gewohnten) Labor zusammen oder besitzen sogar ein eigenes. Dann bleibt dem Patienten nichts

anderes übrig, als sich einen anderen Zahnarzt zu suchen
oder die höheren Kosten zu tragen.

Kostenübernahme für Privatversicherte

Privatversicherte müssen wie bei allen medizinischen Leistungen in ihrem Vertrag prüfen, welche Kosten die Versicherungsgesellschaft beim Zahnersatz übernimmt. Sie müssen regelmäßig einen Eigenanteil leisten. Findet sich im Vertrag nur der Verweis auf das medizinisch Notwendige, kann der Versicherte nur diese Leistungen verlangen, also beispielsweise nur eine Teleskopkrone und kein Implantat (LG Koblenz, Urteil vom 4.8.2004, Az. 12 S 33/04). Versicherte, die noch nicht lange Mitglied einer privaten Krankenversicherung sind, müssen aufpassen, ob der Anspruch auf Zahnersatz für die ersten Jahre (außer nach Unfall) ausgeschlossen oder auf bestimmte Höchstbeträge begrenzt ist.

Gesetzlich Versicherte erhalten einen festen Zuschuss, den sogenannten befundorientierten Festzuschuss. Das bedeutet: Alle Versicherten bekommen bei gleichem Befund den gleichen Betrag von ihrer Kasse erstattet. Früher war beispielsweise ein implantatgestützter Zahnersatz reine Privatleistung. Heute spielt es hingegen keine Rolle mehr, wie eine Zahnlücke versorgt wird. Wünscht der Versicherte eine höherwertige Versorgung, beispielsweise ein Implantat

Das Bonusheft

Ab dem 12. Lebensjahr werden Kontrolluntersuchungen in ein Bonusheft eingetragen. Nicht immer händigt der Zahnarzt das Heftchen aus – vielleicht, um auf diese Weise Patienten an seine Praxis zu binden. Doch ohne Bonusheft gibt es keinen erhöhten Zuschuss beim Zahnersatz. Lassen Sie sich das Heft nach dem Arztbesuch aushändigen. Es gehört Ihnen. Wenn Zahnarztbesuche nicht vollständig im Bonusheft dokumentiert sind, können Sie das nachholen. Selbst wenn Sie zwischenzeitlich den Zahnarzt gewechselt haben: Zahnärzte müssen die Patientenakten zehn Jahre aufbewahren und können so die fehlenden Termine nachtragen.

statt einer Brücke, bekommt er den gleichen Festzuschuss
wie derjenige, der sich für die Brücke entscheidet. Je nach
Qualität und Kosten des gewünschten Zahnersatzes müssen
Patienten dann unterschiedlich hohe Eigenanteile zahlen.

Der neue befundorientierte Festzuschuss beträgt 50 Prozent
der Summe, der für die Regelversorgung (→ Seite 99) bei
diesem Befund festgelegt wurde. Wenn der Versicherte der
Krankenkasse nachweist, dass er die regelmäßigen Vorsorge-
untersuchungen wahrgenommen hat, zahlt die Krankenkasse einen Bonus zum Festzuschuss: Ist der Versicherte in den
letzten fünf Jahren jährlich zur Kontrolle beim Zahnarzt
gegangen, erhält er 60 Prozent. Hat er in den letzten zehn
Jahren keinen Kontrolltermin versäumt, erhöht sich der
Zuschuss auf 65 Prozent des für die Regelversorgung vorgesehenen Betrags.

Härtefallregelung

Überschreitet das monatliche Bruttoeinkommen eines
Alleinstehenden für das Jahr 2013 nicht den Betrag von 1.078
Euro, greift beim Festzuschuss eine Härtefallregelung. (Die
Einkommensgrenze erhöht sich, wenn im gemeinsamen
Haushalt Ehepartner oder Kinder zu berücksichtigen sind.
Für Versicherte mit einem Angehörigen gelten 1.482,25 Euro,
für jeden weiteren Angehörigen kommen 269,50 Euro hinzu.)
Die Krankenkasse zahlt dann den doppelten Festzuschuss
zur Regelversorgung. Reicht der doppelte Festzuschuss bei
ausschließlicher Regelversorgung nicht aus, sind die Krankenkassen verpflichtet, weitere Kosten zu übernehmen. Wählen
als Härtefall anerkannte Versicherte einen über die Regelversorgung hinausgehenden gleichartigen oder andersartigen
Zahnersatz, finanziert die Krankenkasse lediglich den doppelten Festzuschuss. Die übrigen Kosten muss der Versicherte
selbst tragen. Durch eine gleitende Härtefallregelung können
Versicherte, die knapp über der zuvor genannten Einkommensgrenze liegen, ebenfalls eine Zuzahlung zum Festzuschuss
erhalten. Die Höhe des zusätzlichen Zuschusses hängt von der
Einkommenshöhe ab.

Die unterschiedlichen Arten der Versorgung

Gerade beim Zahnersatz gibt es oft mehrere geeignete Behandlungsformen, die sich jedoch in der Ausführung und in den Kosten für den Patienten unterscheiden. Der Zuschuss der Krankenkasse bemisst sich nach der sogenannten Regelversorgung. Abweichungen von der Regelversorgung erfolgen entweder als »gleichartige« oder als »andersartige« Versorgung.

Regelversorgung: In den Festzuschuss-Richtlinien sind acht Befundklassen mit über 50 Befunden festgelegt. Jedem dieser Befunde sind eine bestimmte Versorgung und ein fester Betrag zugeordnet. Unter der Regelversorgung versteht man also die Versorgungsform, die in der überwiegenden Zahl aller Fälle zur Anwendung kommt und als ausreichend, zweckmäßig und wirtschaftlich erachtet wird. Dem Zahnarzt ist von der Kasse vorgeschrieben, welchen Betrag er für seine Leistung abrechnen darf. Die Abrechnung erfolgt nach BEMA (der Gebührenordnung für Kassenzahnärzte).

Gleichartige Versorgung: Bei der gleichartigen Versorgung erbringt der Zahnarzt als Grundleistung eine Regelversorgung, zu der weitere Leistungen hinzukommen. Typisches Beispiel ist eine Krone auf dem oberen ersten großen Backenzahn. Die Regelversorgung sieht dafür eine nicht verblendete Metallkrone vor. Soll die Krone mit einer weißen Schicht zahnfarben verblendet werden, so gilt diese »weiße Krone« als Zusatzleistung und deshalb als »gleichartiger Zahnersatz«. Der Versicherte erhält von der Kasse den »Festzuschuss Metallkrone« und trägt die anfallenden Mehrkosten für die Verblendung. Das zahnärztliche Honorar ergibt sich für die Regelversorgung aus der BEMA und für die zusätzlichen Leistungen nach der GOZ (der Gebührenordnung der Zahnärzte für Privatleistungen).

Andersartige Versorgung: Andersartig ist Zahnersatz, wenn er nach individuellen Bedürfnissen und Ansprüchen des

Patienten gewählt wird und nicht in der Regelversorgung
enthalten ist. Dies ist zum Beispiel der Fall, wenn für einen
bestimmten Befund als Regelversorgung eine Prothese vorgesehen ist, der Patient sich aber einen implantatgestützten
Zahnersatz einsetzen lässt. Die Abrechnung des andersartigen Zahnersatzes erfolgt als Privatleistung komplett nach
der GOZ. Im Wege der Kostenerstattung erhält der Patient auf
Antrag von seiner Kasse den Festzuschuss zur Regelversorgung, also die anteiligen Kosten einer Prothese.

Besondere Aufklärungspflichten

Selbstverständlich gelten auch für Zahnärzte die medizinischen Aufklärungspflichten (→ Seite 38 ff.). Das umfasst
etwa Infektionsgefahren oder allergische Reaktionen bei
Zahnersatz (Brandenburgisches Oberlandesgericht, Urteil
vom 29.5.2008, Az. 12 U 241/07). Umstritten ist die Frage, ob
zu möglichen Nervenverletzungen informiert werden muss.
Fragt der Patient aber nach, muss der Zahnarzt auch wahr-
heitsgemäß zu den Risiken Auskunft geben.

Grundsätzlich ist jeder Zahnarzt verpflichtet, seine Patienten
über Kosten und mögliche Alternativen der Behandlung
genau aufzuklären. Er muss allerdings nicht im Einzelnen
prüfen, insbesondere bei privat versicherten Patienten, deren
Leistungsansprüche je nach Versicherungsvertrag stark vari-
ieren können, welche Kostenanteile vom Patienten selbst zu
tragen sind (OLG Düsseldorf, Urteil vom 20.5.1999, Az. 8 U
181/94). Ist ihm allerdings bekannt – und das ist bei gesetzlich versicherten Patienten anzunehmen –, dass die Kassen
die geplante Behandlung ganz oder teilweise nicht übernehmen, so muss er dies dem Patienten mitteilen. Der Heil- und
Kostenplan (→ Seite 102 ff.) sollte stets so umfassend wie
möglich sein.

Der Patient erhält von seiner Kasse immer nur den Zuschuss
zur Regelversorgung, egal welche Art von Zahnersatz er
sich anfertigen lässt. Für den Zahnarzt bedeutet dies, dass

er dem Patienten aber auch wesentlich teurere Leistungen anbieten kann, für die der Patient dann entsprechend zuzahlt. Der Zahnarzt muss deshalb in jedem Fall über sämtliche Versorgungsformen umfassend aufklären. Versäumt er dies, informiert er vor allem nicht über die Regelversorgung und drängt er einen Patienten zu einer teureren andersartigen Versorgung, muss der Patient die Mehrkosten nicht bezahlen – vorausgesetzt er kann dies belegen. Da der Zahnarzt die Aufklärung dokumentieren muss, sollte der Patient, wenn er den Eindruck hat, es hätte auch die Regelversorgung ausgereicht, umgehend Kopien der Behandlungsunterlagen einfordern (Musterbrief → Seite 37), um die Beweislage zu sichern und nachträgliche Änderungen der Unterlagen zu verhindern.

Da Zahnärzte für Leistungen, die nicht von der gesetzlichen Krankenkasse übernommen werden, ein höheres Honorar (einen anderen Steigerungssatz → Seite 51) vom Patienten verlangen können, ist es für den Patienten wichtig zu erfahren, für welche Leistungen bei dem geplanten Vorhaben der Zahnarzt welches Honorar verlangt. Patienten sollten sich nicht scheuen zu fragen, warum bestimmte Leistungen mit einem höheren Steigerungssatz angesetzt werden.

> **[ ] Tipp**
>
> Heben Sie die Belege für Zahnersatz und Zahnkronen auf, denn diese Ausgaben können Sie als außergewöhnliche Belastung von der Steuer absetzen.

Vorauszahlungen auf das Honorar dürfen Zahnärzte nicht fordern. Gelegentlich kommt es sogar vor, dass Zahnärzte Abtretungserklärungen auf den Festzuschuss verlangen. Sie wollen damit sicherstellen, dass der Patient zumindest diesen Teil der Rechnung bezahlt. Sofern Patienten mit solchen Forderungen konfrontiert werden, sollten sie, bevor sie zahlen, mit ihrer Krankenkasse und der Kassenzahnärztlichen Vereinigung Kontakt aufnehmen und überlegen, ob sie den Zahnarzt wechseln.

Der Heil- und Kostenplan

Vor einer Behandlung, bei der Kosten entstehen können, die nicht von der Krankenkasse übernommen werden, sollten Patienten immer auf einem Kostenvoranschlag (Heil- und Kostenplan) bestehen. Wenn die beabsichtigte Maßnahme von der Krankenkasse zumindest anteilig übernommen werden soll, ist es für Krankenversicherte verpflichtend, einen solchen Heil- und Kostenplan vorab bei der Kasse einzureichen. Erst nachdem die Kostenübernahme geklärt ist, darf der Zahnarzt mit der Behandlung anfangen. Wechselt der Patient während einer laufenden Zahnersatzbehandlung die Kasse, darf die neue Kasse den Behandlungsplan nicht noch einmal überprüfen, sondern ist verpflichtet, das zu bezahlen, was die alte Kasse bewilligt hat.

Der Zahnarzt muss den Heil- und Kostenplan kostenlos erstellen. Und der Patient kann auch von mehreren Zahnärzten solche Heil- und Kostenpläne einholen, um Angebote zu vergleichen. Allerdings sind die Unterlagen nicht einfach zu verstehen. Die Schwierigkeit fängt schon damit an, überhaupt zu beurteilen, ob die vorgeschlagenen Maßnahmen notwendig sind. Unabhängige Untersuchungen ergeben immer wieder, dass Testpatienten, die zu mehreren Zahnärzten geschickt werden, mit stark voneinander abweichenden Behandlungsvorschlägen und daraus resultierenden Kosten zurückkehren. Leider gibt es bisher kaum unabhängige Begutachtungsstellen, die die Notwendigkeit und die Kosten von vorgeschlagenen Zahnersatzmaßnahmen beurteilen. Vereinzelt bieten die

---

Checkliste Zahnersatz

Nach den neuen Regelungen ist die Krankenkasse nicht mehr zur Prüfung der Wirtschaftlichkeit verpflichtet. Das heißt, sie prüft nicht, ob die gewählte Alternative wirtschaftlich sinnvoll ist. Allerdings können Sie von der Kasse verlangen, dass sie fachlich prüft und dabei folgende Fragen beantwortet:

- Ist der Befund korrekt?
- Ist die Versorgung überhaupt notwendig, so wie sie geplant ist?
- Ist sie zweckmäßig?
- Hat der Zahnarzt die Alternative der Regelversorgung ausreichend bedacht?
- Wenn eine gleichartige Versorgung geplant ist, ist diese wissenschaftlich anerkannt?
- Ist die Versorgung wirklich andersartig oder handelt es sich doch um eine Regelleistung? Handelt es sich womöglich um eine erneute Anfertigung von Zahnersatz und nicht um eine Erstausfertigung? (Dafür gibt es unterschiedliche Zuschüsse.)
- Ist der Kiefer so zurückgebildet, dass er doch zulasten der Kasse mit Implantaten versehen werden kann?

Zahnärztekammern Beratungen an (Adressen → Seite 192). Grundsätzlich sind auch die Krankenkassen zu einer fachlichen Beratung verpflichtet – allerdings kommen viele dieser Verpflichtung nur sehr unzureichend nach. Zu wirtschaftlichen Fragen, also ob der Zahnersatz nicht zu teuer ist, wird nicht beraten. In den neuesten Formularen müssen die Zahnärzte zudem für bestimmte Leistungen jetzt nur noch Pauschalpreise angeben. So haben die Kassen nicht einmal mehr die Möglichkeit, die Einzelpreise zu überprüfen.

Der Zahnarzt muss einen Heil- und Kostenplan bei allen geplanten Maßnahmen, auch bei Reparaturen, erstellen. Und die Kasse muss ihn vor Beginn der Behandlung genehmigen. Insbesondere bei Reparaturen kann es aber erforderlich sein, dass der Patient schnell wieder über einen kompletten Zahnersatz verfügt. Für diese Fälle haben die Kassen mit den Kassenzahnärztlichen Vereinigungen unterschiedliche Regelungen getroffen, in welchen Fällen oder bis zu welcher Kostenhöhe ohne vorherige Genehmigung bereits mit der Arbeit begonnen werden kann. Patienten sollten aber immer dann, wenn der Zahnarzt zu einer sofortigen Maßnahme rät, mit ihrer Krankenkasse Rücksprache nehmen, ob es Probleme mit der Erstattung geben könnte.

Auch für Zahnersatz gibt es Internetvergleichsportale, auf denen Sie das Angebot Ihres Zahnarztes eingeben können und von anderen Zahnärzten Gegenangebote erhalten. Auch wenn Sie sich nicht für das günstigste Angebot entscheiden, können Sie mit den Angeboten vielleicht noch einmal beim eigenen Zahnarzt verhandeln.

Abweichungen vom Kostenplan

Häufig gibt es nach Abschluss der Behandlung Ärger, wenn der Zahnarzt die Schlussrechnung ausstellt und der Patient

[ ] Tipp

Häufig unterhalten die zahnärztlichen Institute von Universitätskliniken auch Ambulanzen, in denen Patienten ohne Überweisung eines niedergelassenen Zahnarztes vorstellig werden und Zahnersatz oder zumindest Heil- und Kostenpläne erstellen lassen können. Wer bereit ist, sich von Zahnärzten behandeln zu lassen, die noch in der Ausbildung stehen (aber natürlich überwacht werden), kann dadurch im Einzelfall Geld sparen.

> **! Urteil**
>
> Eine Patientin wechselte den Zahnarzt, da sie mit dem ange-
> fertigten Zahnersatz, einer Oberkieferprothese, nicht zufrieden
> war. Der neue Zahnarzt nahm verschiedene vorbereitende
> Maßnahmen vor, legte dann einen Heil- und Kostenplan vor
> und beabsichtigte darin, eine neue Prothese zu erstellen. Die
> Patientin unterschrieb die Honorarvereinbarung, während der
> Behandlung wechselte sie aber erneut den Arzt. Sie weigerte
> sich, das Honorar des bisher behandelnden Zahnarztes in voller
> Höhe zu zahlen.
>
> Und zwar zu Recht, befand das Oberlandesgericht Düsseldorf
> im Jahr 2002 (Az. 8 U 76/01), denn der Zahnarzt hatte die
> Honorarvereinbarung erst mit der Patientin abgeschlossen, als
> er schon mit der Behandlung begonnen hatte. Er hatte zwar
> erst Vorarbeiten durchgeführt, die Behandlung hätte aber nicht
> mehr unterbrochen werden können. Deshalb kam die Honorar-
> vereinbarung zu spät. Lediglich wenn die einzelnen Behand-
> lungsschritte klar gegeneinander abzugrenzen wären, sodass
> der Patient jedes Mal neu entscheiden kann, ob er die Behand-
> lung nun wünscht, können Honorarvereinbarungen auch jeweils
> vor Beginn dieser einzelnen Schritte gesondert abgeschlossen
> werden (BGH, Urteil vom 19.2.1998, Az. III ZR 106/97).

entdeckt, dass diese vom Kostenvoranschlag, also dem Heil-
und Kostenplan, abweicht. Eine solche Abweichung ist nur
innerhalb bestimmter Grenzen erlaubt.

Bezüglich des zahnärztlichen Honorars ist der Heil- und
Kostenplan verbindlich. Ein Zahnarzt muss in der Lage sein,
den Umfang seiner Leistungen bereits vor Beginn seiner
Behandlung realistisch einzuschätzen. Ein höheres Honorar
darf er nur dann verlangen, wenn während der Behandlung
Komplikationen auftreten und er den Patienten bereits vor
Behandlungsbeginn auf mögliche Schwierigkeiten hingewiesen hat. Der Zahnarzt muss dann, sobald er feststellt, dass
die Behandlung tatsächlich umfangreicher oder schwieriger
wird, auf die höheren Kosten aufmerksam machen.

Die Kosten für Material- und Laborarbeiten dürfen bis zu 20 Prozent vom Heil- und Kostenplan abweichen. Sie sind teilweise erst während der Herstellung des Zahnersatzes genau zu ermitteln. Auch diese Abweichungen sind jedoch nur zulässig, wenn der Patient bereits im ursprünglichen Heil- und Kostenplan auf mögliche Abweichungen hingewiesen wurde (LG Hannover, Urteil vom 29.10.1998, Az. 19 S 9/98).

Zahnersatz aus dem Ausland?

Weil Zahnersatz so teuer ist, gibt es immer mehr Angebote aus Ländern mit geringeren Lohnkosten – zum Beispiel Tschechien, Polen und Ungarn. Auch in Mallorca ist Zahnersatz sehr günstig. Entscheidend für den Patienten sind Preis und Qualität der Leistung. Die muss nicht zwingend schlechter sein. Eine Stichprobe der Stiftung Warentest hat im Frühjahr 2005 keine gravierenden Qualitätsmängel bei den geprüften Zahnärzten festgestellt. Dennoch ist für Patienten die Qualität mindestens ebenso schwer zu beurteilen wie bei einem deutschen Zahnarzt. Hinzu kommt das Risiko, dass Patienten bei Mängeln zwecks Nachbesserungen unter Umständen mehrmals anreisen und die Reisekosten selbst zahlen müssen. Diesem Problem begegnen manche ausländischen Zahnärzte, indem sie mit einzelnen deutschen Kollegen kooperieren. Ein weiteres Problem: Schlägt die Leistung völlig fehl, müssten Patienten im Ausland nach dortigem Recht klagen – ein trotz des gemeinsamen Marktes schwer kalkulierbares Risiko. Innerhalb der EU kann nach vorheriger Antragstellung eine anteilige Kostenübernahme durch die gesetzlichen Kassen erfolgen, außerhalb der EU ist dies nicht möglich.

Die Honorarvereinbarung

Neben dem Heil- und Kostenplan ist die sogenannte Honorarvereinbarung von großer Bedeutung: Eine solche schriftliche Vereinbarung für den Anteil, den der Patient außerhalb der Kassenleistung selbst tragen muss, ist vor Beginn der Behandlung nach der Gebührenordnung für Zahnärzte (GOZ) zwingend vorgeschrieben. Verstößt ein Zahnarzt gegen diese Pflicht, indem er die Honorarvereinbarung erst später vorlegt, verliert er seinen Anspruch auf das Honorar.

[ ] Tipp

Da die Krankenkassen ihren Versicherten Unterstützung in Arztschadensfällen zukommen lassen sollen, können Patienten bei vielen Krankenkassen Gutachten über die Qualität des Zahnersatzes anfertigen lassen. Auch die Zahnärztekammern unterhalten Gutachterstellen. Sie sollten möglichst nicht einfach zu einem anderen Zahnarzt gehen und diesen um Beseitigung der Mängel bitten. So werden für einen eventuellen Prozess gegen den ersten Zahnarzt unter Umständen wichtige Beweise vernichtet. Ist eine sofortige Behandlung etwa wegen sehr großer Schmerzen unumgänglich, sollte der neue Zahnarzt die vorgefundene Situation ausführlich dokumentieren.

Probleme mit der Ausführung

Beim Zahnersatz gibt es häufig Probleme mit der exakten Anpassung. Für die Patienten ist es sehr schwer zu beurteilen, ob es sich dabei um medizinische Probleme handelt oder ob der Zahnarzt bzw. das Labor schlecht gearbeitet hat. Grundsätzlich darf der Zahnarzt mangelhaft gefertigten Zahnersatz zwei- bis dreimal nachbessern, bevor ihm das Honorar endgültig verweigert werden kann. Patienten sollten in diesen Fällen zumindest Teile des Honorars zurückhalten, bis die Nachbesserungen erfolgreich beendet sind. Für Patienten ist es aber nicht zumutbar, sich bei einem völlig unbrauchbaren Zahnersatz für Nachbesserungen wieder in die Hände des betreffenden Zahnarztes begeben zu müssen. In solchen Fällen muss die Krankenkasse eine erneute Anfertigung bei einem anderen Zahnarzt bezahlen (LSG Schleswig-Holstein, Urteil vom 16.8.2008, Az. L 5 KR 57/06).

Die Ansprüche aus Fehlern verjähren übrigens unterschiedlich schnell: Gegen das Labor können Patienten nach zwei Jahren nicht mehr vorgehen, Mängel der zahnärztlichen Leistungen können sie drei Jahre lang vor Gericht klären lassen (→ Seite 169 ff.).

Im Krankenhaus

Manches ist im Krankenhaus anders als in einer Arztpraxis.
So arbeiten in einem Krankenhaus Ärzte, Pflegepersonal
und viele andere Berufsgruppen zusammen. Der Patient
kann Verantwortlichkeiten und Zuständigkeitsbereiche nicht
immer ohne Weiteres erkennen. Die Behandlung ist meist
wesentlich intensiver und der Aufenthalt kann sich über Tage
hinziehen. In hohem Maß muss sich der Patient dabei den
vermeintlichen Erfordernissen der Organisation unterwerfen:
Essenszeiten, Besuchsmöglichkeiten und der Kontakt mit den
Ärzten unterliegen häufig einem starren Zeitplan, der dem
Einzelnen oft das Gefühl gibt, Teil einer Maschinerie zu sein.

Wer ist Vertragspartner?

Der überwiegende Teil der Arztpraxen wird nur von einer
Person betrieben. Damit ist für den Patienten klar, mit wem
er einen Behandlungsvertrag abschließt. So eindeutig ist die
Situation im Krankenhaus nicht. Zum einen ist in einem Krankenhaus eine Vielzahl von Ärzten tätig und der Patient nimmt
auch unterschiedliche Leistungen verschiedener Ärzte in Anspruch. Zum anderen sind die Ärzte anders als in der Praxis
nicht auch gleichzeitig die wirtschaftlich Verantwortlichen,
sondern das ist der Krankenhausträger. Das können private
Unternehmen, Wohlfahrtsverbände, die Kommunen oder das
Land sein.

Insbesondere in kleineren Kliniken gibt es auch den Fall,
dass niedergelassene Ärzte zusätzlich zu ihrer Praxis noch
Patienten im Krankenhaus betreuen (»Belegärzte«). Dann
kommt der Vertrag mit dem Belegarzt zustande, der für sich
und die ihm nachgeordneten Personen – das können Ärzte
(zum Beispiel ein Anästhesist) oder Pflegepersonal sein –
haftet. Für die Leistungen, die der Belegarzt nicht selbst
erbringt, sondern die das Krankenhaus mit anderen Ärzten
oder weiteren Mitarbeitern leistet, kommt wiederum ein Vertrag mit dem Träger des Krankenhauses zustande.

Für Privatversicherte und selbst zahlende Patienten besteht in vielen Krankenhäusern zudem die Möglichkeit, mit den Chefärzten direkt Verträge abzuschließen. Dann schuldet entweder die Klinik weiterhin insgesamt die medizinischen Leistungen sowie Versorgungen (Unterkunft, Essen und Pflege) und der Chefarzt nur bestimmte Leistungen oder der Chefarzt ist der Hauptverantwortliche und die Klinik muss lediglich die pflegerische Versorgung sicherstellen.

Aus der Vielzahl der eben geschilderten Möglichkeiten folgt für den Patienten, dass er im Konfliktfall, also bei Problemen mit der Abrechnung oder bei vermuteten Behandlungsfehlern, zunächst einmal herausfinden muss, wer sein Vertragspartner jeweils war. Bereits dazu sollten betroffene Patienten eine Beratungsstelle oder einen Rechtsanwalt einschalten, denn daraus können sich unterschiedliche Rechtsfolgen ergeben. Wenn der Arzt als Belegarzt tätig war und einen Fehler gemacht hat, haftet er unter Umständen allein, bei angestellten Ärzten kann auch der Arbeitgeber haften, also das Krankenhaus.

Allgemeine Geschäftsbedingungen

Nahezu alle Krankenhäuser verwenden vorformulierte Verträge, die der Patient bei der Aufnahme unterschreiben muss. In solch einer Situation befinden sich Menschen oft in einer Zwangslage, denn für sie steht die Sorge um die eigene Gesundheit im Vordergrund. Deshalb ist ihre Verhandlungsposition schwach, wenn sie einzelne Passagen diskutieren oder streichen möchten. Ansprechen sollte man Problempunkte aber durchaus. Und wem etwa eine Klausel zur Organspende oder zu einer Autopsie für wissenschaftliche Zwecke nicht gefällt, sollte diese streichen. Das Krankenhaus darf die Behandlung wegen dieser Änderungen der Bedingungen nicht verweigern, denn die wesentlichen Leistungen des Vertrags, also die Behandlung und die Bezahlung, sind nicht verändert worden.

Bei einer Einweisung ins Krankenhaus ist ein Patient jedoch kaum in der Lage, einen solchen Vertrag genau zu prüfen. Deshalb kann er sich trotz erfolgter Unterschrift im Nachhinein auf die Unzulässigkeit bestimmter Klauseln berufen. Krankenhausverträge unterliegen wie alle vorformulierten Vertragswerke dem Recht der Allgemeinen Geschäftsbedingungen. Anhand dieser Vorschriften lässt sich prüfen, ob einzelne Klauseln unangemessen sind oder den Patienten benachteiligen und damit nicht zulässig sind.

Wie viele andere Verträge sind auch Krankenhausverträge häufig so formuliert, dass sie für juristische Laien, also Rechtsunkundige, nicht oder nur schwer verständlich sind. In einem solchen Fall – und das ist immer dann so, wenn ein Durchschnittspatient den Text nicht verstehen kann – gehen Unklarheiten bei Auslegungsfragen zulasten des Krankenhauses.

! **Urteile**

Beispiele für unzulässige Regelungen in den Allgemeinen Geschäftsbedingungen (AGB):

- Überschreitung des Gebührenrahmens der GOÄ (BGH, Urteil vom 30.10.1998, Az. VIII ZR 51/91),

- Beweispflicht des Patienten, dass er nicht die Möglichkeit hatte, die AGB und die Pflegesatzverordnung einzusehen (BGH, Urteil vom 9.11.1989, Az. IX ZR 269/87),

- Haftungsausschluss bei leicht fahrlässigen Behandlungsfehlern (OLG Köln, Urteil vom 9.11.1988, Az. 27 U 77/88).

Die Aufnahme im Krankenhaus

Falls kein Notfall vorliegt, kann ein Patient nur dann in ein Krankenhaus aufgenommen werden, wenn er von einem niedergelassenen Arzt eingewiesen wurde. Ein Patient muss also zunächst einen Arzt aufsuchen, dieser muss einen Krankenhausaufenthalt für notwendig erachten und eine Überweisung in ein bestimmtes Krankenhaus ausstellen. Wenn ein Patient in ein anderes Krankenhaus geht, kann ihm seine Krankenkasse eventuell anfallende Mehrkosten auferlegen. In begründeten Fällen kann der Patient allerdings durchaus ein anderes Krankenhaus aufsuchen. Gründe können darin liegen, dass der Patient im ursprünglich vorgesehenen Haus früher schon schlechte Erfahrungen gemacht hat – oder dass die Einrichtung aktuell in der öffentlichen Kritik steht. Aber

auch verbesserte Heilungschancen können ein Grund sein.
Umso wichtiger ist es, sich bei – gegebenenfalls verschie-
denen – Ärzten, der Krankenkasse oder Patientenberatungs-
stellen über die Eignung des Krankenhauses zu informieren.
Einen Überblick können auch Internetangebote geben, die
Krankenhäuser und ihre Leistungen vergleichen, wie zum
Beispiel www.weisse-liste.de.

Ein niedergelassener Arzt kann sich haftbar machen, wenn er
eine erforderliche Einweisung in ein Krankenhaus unterlässt und der Patient dadurch zu
Schaden kommt. Wer als Patient also den Eindruck hat, sein Arzt verweigere eine notwendige Krankenhausbehandlung, sollte entweder
einen anderen Arzt aufsuchen oder sich unmittelbar in ein Krankenhaus begeben. Unabhängig davon, ob eine Einweisung vorliegt oder
nicht, müssen die Krankenhausärzte (erneut)
prüfen, ob eine Krankenhausaufnahme notwendig ist. Auch die Krankenhausärzte haften
– wenn sie eine Krankenhausbehandlung ablehnen – für daraus resultierende negative Folgen für den Patienten.

> **Zuzahlungen im Krankenhaus**
>
> Gesetzlich Versicherte müssen im
> Krankenhaus einen Selbstkostenan-
> teil von 10 Euro pro Tag für maxi-
> mal 28 Tage im Jahr bezahlen. Der
> Betrag für einen Tag fällt auch dann
> an, wenn der Patient erst wenige
> Minuten vor Mitternacht eingeliefert
> wurde. Sucht eine schwangere Frau
> zur Geburt ein Krankenhaus auf,
> muss sie im Normalfall für den Tag
> der Aufnahme und die ersten sechs
> Tage nach der Geburt keinen Beitrag
> leisten.

Übernahme der Kosten durch die Kasse

In den Krankenhausverträgen ist in der Regel die Klausel
enthalten, dass der Patient die Behandlungskosten selbst
tragen muss, wenn seine Krankenkasse oder sein Versicherungsunternehmen die Kostenübernahme ablehnt. Diese
Regelung kann Patienten teuer zu stehen kommen, denn es
wird keineswegs alles erstattet. Bei den privaten Krankenversicherungen kommt es auf den Inhalt des jeweiligen individuellen Versicherungstarifs an. Die Leistungen der gesetzlichen
Krankenkassen sind auf das beschränkt, was medizinisch
notwendig ist (→ Seite 62 ff.).

Behandlungen, die nicht unmittelbar der Verbesserung eines
»regelwidrigen gesundheitlichen Zustands« dienen, also
zum Beispiel die meisten Schönheitsoperationen, werden
von den gesetzlichen Kassen nicht übernommen. Die Kasse
zahlt auch nicht alle Behandlungsformen bei einer an sich
notwendigen Behandlung: Bestimmte Therapieverfahren,
etwa sogenannte alternative Heilrichtungen, oder ganz neue
Verfahren, die in Deutschland noch nicht in den Regelkatalog
der gesetzlichen Krankenkassen aufgenommen wurden (→
Seite 62 f.), werden nicht erstattet. Häufig können Patienten
diese Einschränkungen aber nicht erkennen. Das Krankenhaus hat eine wirtschaftliche Aufklärungspflicht: Der Träger
muss den Patienten schriftlich auf mögliche Risiken bei der
Kostenübernahme hinweisen, bevor dieser die Leistungen
in Anspruch nimmt. Er muss ihm verdeutlichen, dass er die
Finanzierungsfrage mit seiner Krankenkasse klären muss.
Wenn ein Patient nicht aufgeklärt wurde, muss er die entstehenden Kosten nicht-begleichen, selbst wenn er eine entsprechende Klausel im Vertrag unterschrieben hat. Nur wenn
er weiß, dass seine Kasse die Kostenübernahme verweigert,
er aber trotzdem auf einer Behandlung besteht, muss er die
Rechnung aus eigener Tasche zahlen.

Liegezeiten zu knapp bemessen?

Häufig lehnen Krankenkassen die Übernahme der Kosten
ab, wenn die Behandlung aus ihrer Sicht zu lang dauert.
Zunehmend betroffen sind vor allem chronisch Kranke oder
sehr alte Patienten. Begründet wird dies mit dem Argument,
es läge keine Krankheit vor, die stationär behandelt werden
müsse, sondern Pflegebedürftigkeit. Seit der Einführung des
neuen Vergütungssystems für Krankenhäuser (→ Seite 114)
hat dieser Druck von Kassen und Krankenhäusern gerade auf
ältere, möglicherweise pflegebedürftige Personen zugenom-
men, damit sie das Krankenhaus schnellstmöglich verlassen.
Im Einzelfall kann es schwierig sein abzugrenzen, ob noch
eine Krankenhausbehandlung erforderlich ist oder ob dauerhafte Pflegebedürftigkeit besteht. Nach den Definitionen der

Rechtsprechung liegt Pflegebedürftigkeit in solchen Fällen vor, in denen »die Behandlungen allein dem Zweck dienen, einem Zustand der Hilflosigkeit zu begegnen«. Ein Krankenhausaufenthalt ist jedoch gerechtfertigt, wenn mit den Maßnahmen des Krankenhauses – das sind medizinische Mittel, die nur im Krankenhaus und nicht etwa ambulant oder in einem Pflegeheim geleistet werden können – der Zustand des Betroffenen »geheilt, gebessert, eine Verschlimmerung verhindert oder das Leben verlängert werden kann« (BSG, Urteil vom 23.4.1996, Az. 1 RK 10/95). Das kann etwa eine Schmerzbehandlung sein oder die Behandlung eines Druckgeschwürs (Dekubitus).

Wenn Patienten dennoch in eine Pflegeeinrichtung verlegt werden müssen, sollte noch im Krankenhaus eine Begutachtung durch den Medizinischen Dienst der Krankenversicherung (MDK) erfolgen, um Pflegebedürftigkeit festzustellen. Viele Pflegeheime nehmen nur Patienten mit einer festgestellten Pflegestufe auf, damit die Finanzierung durch die Pflegeversicherung sichergestellt ist.

Durch die geänderten Rahmenbedingungen hat ein anderes Problem an Bedeutung abgenommen: Früher weigerten sich Kliniken häufig, Patienten, die entlassen werden wollten, gehen zu lassen. Natürlich kann jeder Patient Behandlungen abbrechen, wann immer er es möchte. Zur eigenen Absicherung wird sich die Klinik in solchen Fällen eine Erklärung unterschreiben lassen, mit der der Patient dokumentiert, dass er auf eigene Verantwortung geht. Ein solcher Haftungsausschluss bezieht sich aber nur auf Schäden, die unmittelbar aus der wegfallenden Versorgung entstehen, wenn sich also beispielsweise eine OP-Naht durch die vorzeitige Belastung öffnet. Für Mängel aus der vorangegangenen Behandlung bleibt die Haftung weiter bestehen.

[ ] Tipp

Wer von der Klinik oder der Krankenkasse unter Druck gesetzt wird, sollte sich schriftlich zusichern lassen, dass die adäquate Behandlung – wie sie im Krankenhaus erfolgte – auch ambulant oder in einem Pflegeheim durchgeführt werden kann. Machen Sie das Krankenhaus bzw. die Kasse auf die Folgen einer etwaigen Haftung aufmerksam. Denn wenn ein Patient durch die vorzeitige Entlassung zu Schaden kommt, haftet das Krankenhaus, eventuell auch die Krankenkasse, wenn die Zahlungen eingestellt wurden.

DRG – ein neues Vergütungssystem

Seit Anfang 2004 wurde in den Krankenhäusern schrittweise
ein neues Vergütungssystem eingeführt. Dieses System heißt
DRG (diagnosis related groups). Für jede mögliche Behandlung
wird eine Anzahl Tage festgesetzt und dafür ein Entgelt, das
die Krankenkassen zahlen. Braucht die Klinik länger, bis die
Behandlung beendet ist, erhält sie nicht mehr Geld. Sie hat
also ein massives wirtschaftliches Interesse, die Patienten in
der vorgegebenen Zeit, wenn möglich sogar etwas eher, zu
entlassen. Dieses System schafft die lange bestehende Praxis
ab, Patienten gelegentlich über die notwendige Zeit hinaus
im Krankenhaus zu behalten, um die Betten auszulasten. Es
besteht aber die Gefahr vorzeitiger (Kritiker sprechen von »blu-
tigen«) Entlassungen. Obwohl einige Sicherungsmaßnahmen
eingebaut wurden, um solche Zustände zu verhindern, ist
die Möglichkeit nicht auszuschließen. Wenn Sie Patient sind,
sollten Sie deutlich darauf hinweisen, wenn Sie sich noch nicht
entlassungsfähig fühlen. Sie sollten darauf bestehen, dass dies
in Ihrer Krankenhausakte dokumentiert wird und das Krankenhaus gegebenenfalls an seine Haftung erinnern. Keinesfalls
darf ein Krankenhaus Sie entlassen, ohne dass die Nachsorge
zu Hause durch niedergelassene Ärzte und Pflegedienste
sichergestellt ist.

Wahlleistungen

Viele Krankenhäuser bieten »Wahlleistungen« an. Die häufigsten sind die Behandlung durch Chefärzte und Einzel-
oder Zweibettzimmer, aber auch kleinere Extras wie Telefon
oder Fernsehen am Bett. Privat versicherte Patienten oder
Versicherte der gesetzlichen Krankenkassen mit privaten
Zusatzversicherungen für den Krankenhausaufenthalt sollten
vorab klären, ob ihre Versicherung die zusätzlichen Kosten
in vollem Umfang trägt. In etlichen Verträgen sind Höchstbeträge für die Kostenübernahme festgelegt. Und es gibt heute
Angebote von Kliniken, bei denen die Sätze für Einzelzimmer
durch zusätzliche Leistungen wie zum Beispiel Internetan-
schluss, Restaurantessen oder die Mitaufnahme eines Part-
ners weit über die üblichen Sätze hinausgehen können. So-

! Urteil

Damit Patienten nicht von hohen Kosten einer Wahlleistung überrascht werden, hat der BGH (Urteil vom 22.7.2004, AZ III Z 355/03) Anforderungen an die Transparenz einer Wahlleistungsvereinbarung gestellt. Der Patient muss über die folgenden Punkte unterrichtet werden, sonst kommt keine wirksame Vereinbarung zustande und dem Krankenhaus bzw. Chefarzt steht keine Vergütung zu.

In der Vereinbarung muss klar zum Ausdruck kommen, dass der Patient auch ohne Wahlleistungsvereinbarung die erforderliche medizinische Versorgung erhält, er aber ausdrücklich die persönliche Behandlung durch den Chefarzt wünscht.

In der Vereinbarung muss der Hinweis enthalten sein, dass die Gebührenordnung eingesehen werden kann.

Die Preisermittlung für die ärztlichen Leistungen nach der Gebührenordnung für Ärzte (GOÄ) muss kurz erläutert werden. Der Patient soll auf die Leistungsbeschreibungen und die Bedeutung von Punktwerten und Steigerungssätzen hingewiesen werden.

Die Vereinbarung muss ausdrücklich darauf hinweisen, dass bei wahlärztlichen Leistungen erhebliche finanzielle Mehrbelastungen entstehen können.

Der Patient muss darüber informiert werden, dass sich die Vereinbarung auf alle Ärzte erstreckt, die zur privatärztlichen Abrechnung berechtigt sind. Das können neben dem operierenden Chefarzt auch die Chefärzte der labormedizinischen Abteilung oder hinzugezogene Ärzte anderer Abteilungen sein.

fern die Zuschläge deutlich vom Üblichen abweichen, muss die Klinik den Patienten darauf hinweisen, wenn sie aus Erfahrung davon ausgehen kann, dass Privatversicherungen und private Zusatzversicherungen diese Kosten in der Regel nicht übernehmen.

Wahlleistungen manchmal auch für gesetzlich Versicherte

Auch reine Kassenpatienten ohne Zusatzversicherung können Wahlleistungen in Anspruch nehmen, müssen sie dann allerdings selbst bezahlen. Dies gilt aber nur, wenn die zusätzliche Leistung medizinisch nicht erforderlich ist. Kann nur der Chefarzt eine bestimmte Operation durchführen, weil er als Einziger über das nötige fachliche Können verfügt, kommt auch die gesetzliche Krankenkasse für die Kosten auf. Das Krankenhaus kann dann nicht gegenüber dem Kassenpatienten eine Chefarztbehandlung extra abrechnen. Weigert sich die Krankenkasse, eine Chefarztrechnung zu bezahlen, kann der Patient nur dann zur Kasse gebeten werden, wenn er eine Wahlleistungsvereinbarung unterschrieben hat.

Das Gleiche gilt im Prinzip auch für die Unterbringung in einem Einzelzimmer. Wenn aus medizinischen Gründen, etwa wegen eines erhöhten Ruhebedarfs, der Aufenthalt in einem Einzelzimmer geboten ist, darf die Klinik die Mehrkosten ebenfalls nicht in Rechnung stellen. Solche medizinisch begründeten Fälle haben auch Vorrang gegenüber Wahlleistungen. Wer also aufgrund einer Wahlleistung, oder weil er privat versichert ist, ein Einzelzimmer belegt, kann nicht verhindern, dass er wegen eines medizinisch begründeten Falls in ein Mehrbettzimmer verlegt wird. Selbstverständlich können ihm die Kosten eines Einzelzimmers ab dem Zeitpunkt der Verlegung nicht mehr in Rechnung gestellt werden.

Wenn der Chefarzt nur kassieren will

Bei der Wahlleistung Chefarztbehandlung gibt es ein Problem, das juristisch noch nicht abschließend entschieden ist. Privat- und Zusatzversicherten steht häufig die Option einer Chefarztbehandlung zu. Im Rahmen der Wahlleistung wird darüber auch ein gesonderter Vertrag abgeschlossen. Dennoch kommt es vor, dass der Chefarzt die Behandlung dann doch nicht selbst übernimmt, sondern an seine nachgeordneten Ärzte delegiert.

Zunehmend gehen Patienten, aber auch private Versicherungen oder Beihilfestellen dazu über, in Rechnung gestellte Chefarztleistungen um die entsprechenden Aufschläge zu kürzen, wenn der Chefarzt sie nicht persönlich erbracht hat.

Die Chefärzte wiederum argumentieren, dass in ihren Verträgen mit dem Krankenhausträger solche Delegationsmöglichkeiten enthalten sind und dass es seit vielen Jahren übliche Praxis ist, Chefarztleistungen nicht in jedem Fall selbst zu erbringen. Aus Sicht der betroffenen Patienten ist dies ein sehr ärgerlicher Vorgang, bei dem es nicht nur um die finanziellen Aspekte geht. Sie haben Privat- und Zusatzversicherungen häufig gerade deshalb gewählt, um im Krankenhaus die beste medizinische Leistung in Anspruch nehmen zu können, wie sie vermeintlich durch Chefärzte gewährt werden kann. Wenn dann Chefärzte nicht nur im Notfall, etwa wenn sie zu einem dringenderen Fall gerufen werden, sondern systematisch Behandlungen nicht vornehmen, fühlen sich viele Patienten getäuscht. Und wenn eine Chefarztbehandlung bei medizinisch einfachen Problemen tatsächlich nicht erforderlich oder übertrieben wäre, sollte sie im Anschluss selbstverständlich auch nicht in Rechnung gestellt werden können.

Nach einem Urteil des Bundesgerichtshofs kann der Chefarzt im Behandlungsvertrag Vertretung nur für seine Abwesenheit bei unvorhergesehenen Ereignissen regeln. Bei planbarer Abwesenheit muss ein neuer Behandlungsvertrag mit dem dann zuständigen Arzt geschlossen werden (BGH, Urteil vom 20.12.2007, Az. III ZR 144/07). Übrigens: Im Aufklärungsgespräch (→ Seite 38 ff.) muss dem Patienten gesagt werden, wer ihn operiert.

Betroffene Patienten sollten, bevor sie eine derartige Chefarztrechnung bezahlen, mit ihrer Krankenversicherung Rücksprache nehmen und sich von dort Unterstützung für einen Rechtsstreit zusichern lassen. Problematisch für die Patienten ist, dass nicht die private Krankenversicherung oder Zusatzversicherung, sondern sie selbst Schuldner des Arztes sind und von diesem gegebenenfalls einen Mahnbescheid erhalten und verklagt werden. Manche privaten Krankenversicherer lassen sich die Ansprüche des Patienten abtreten und streiten sich dann direkt mit dem Arzt oder Krankenhaus.

Besonders unerfreulich ist es, wenn sich die Versicherung weigert zu zahlen. Am besten erkundigen sich Privatversicherte, bevor sie Chefarztleistungen in Anspruch nehmen, bei ihrer Versicherungsgesellschaft, ob und unter welchen Umständen sie diese Leistungen erstattet. Gegenüber dem behandelnden Chefarzt sollten sie klarstellen, dass die eigene Krankenversicherung eventuell nur tatsächlich erbrachte Chefarztleistungen übernehmen wird.

Erhöhte Sätze

Ähnliches gilt im Übrigen für erhöhte Sätze bei der Rechnung: Bei besonderem Aufwand ist der sogenannte 3,5-fache Satz vorgesehen. Einzelne Chefärzte rechnen deutlich höhere Sätze ab; diese müssen jedoch vorab zwischen Arzt und Patient schriftlich vereinbart werden. Bevor Patienten eine derartige Vereinbarung mit einem Chefarzt unterschreiben, sollten sie prüfen, ob ihr Versicherungsvertrag solche erhöhten Sätze – und wenn ja, bis zu welcher Höhe – abdeckt.

Patientenrechte am Lebensende

Trotz aller Probleme im deutschen Gesundheitswesen werden die Möglichkeiten der modernen Medizin immer vielfältiger: Krankheiten, an denen Menschen noch vor wenigen Jahrzehnten nach kurzer Frist starben, können nun über lange Zeiträume bekämpft werden. Neben den chronischen Erkrankungen betrifft dies vor allem die Intensivmedizin. Sehr kranke Menschen können so Wochen oder Monate am Leben erhalten werden. Vielen Patienten ist dies ein großes Geschenk, sie können noch ihre Angelegenheiten regeln und von Angehörigen Abschied nehmen.

In manchen Fällen führen die konsequent eingesetzten Möglichkeiten der modernen Medizin jedoch dazu, dass ein Leiden verlängert wird und Menschen, insbesondere Angehörige, dies nicht als Chance, sondern als Qual empfinden. Es gibt deshalb immer wieder lebhafte Diskussionen um die Frage, über welche rechtlichen Möglichkeiten Patienten, Angehörige und Ärzte am Lebensende eines Menschen verfügen. Die aktuelle Rechtslage ist seit 2009 zumindest theoretisch klar. Nach § 1901a BGB ist eine Patientenverfügung für die behandelnden Ärzte bindend. In der Praxis können immer noch Probleme bei der Auslegung und Interpretation der tatsächlichen einzelfallbezogenen Rechtslage auftauchen. Die Diskussion berührt zwangsläufig schwierige ethische Probleme.

Bevor über Leben und Tod eines Patienten diskutiert wird, sollten alle Alternativen erwogen worden sein. So muss zum Beispiel nach dem Stand der Medizin nahezu kein Patient mehr Schmerzen erleiden. Noch immer sind aber nicht alle Ärzte hinreichend über die Möglichkeiten moderner Schmerztherapie informiert. Patienten haben bei der Schmerzbehandlung – wie bei jedem anerkannten Therapieverfahren – einen Anspruch, dass der Arzt sie nach dem Stand der Wissenschaft behandelt. Ein Arzt, der eine effiziente Schmerztherapie verweigert, begeht demnach einen Kunstfehler. Und wenn ein Patient große Schmerzen erleiden muss, kann der Arzt unter Umständen sogar wegen unterlassener Hilfeleistung strafrechtlich belangt werden.

Sterbende müssen auch nicht unbedingt in der sterilen Atmosphäre einer Klinik versorgt werden. Mit der Hospizbewegung wurden in Deutschland – wenngleich noch nicht in ausreichender Anzahl – Einrichtungen gegründet, in denen Menschen würdevoll sterben können, begleitet von fachkundigen Helfern. Kosten für die Unterbringung in einem Hospiz werden zumindest teilweise von der gesetzlichen Krankenkasse übernommen.

Der Patientenwille ist entscheidend
Solange der Patient seinen Willen äußern kann, ist dieser zu befolgen, auch wenn der Arzt eine Entscheidung für unver-

nünftig hält. Allerdings kann ein Patient nicht von seinem Arzt verlangen, dass dieser ihm hilft, damit er sein Leben beenden kann, ihm also etwa Medikamente zur Selbsttötung überlässt. In einem Urteil hat aber der Bundesgerichtshof im Juni 2010 klargestellt, dass ein Behandlungsabbruch erlaubt ist (BGH, Urteil vom 25.6.2010, Az. 2 StR 454/09). Hat ein Betroffener in einer Patientenverfügung festgelegt, dass er nicht durch eine Magensonde versorgt werden will, darf diese nicht gelegt werden; wenn dies bereits geschehen ist, muss sie entfernt werden.

> **Sterbehilfe**
>
> Aktive Sterbehilfe liegt vor, wenn ein Mensch auf sein Verlangen getötet wird, zum Beispiel durch eine »Todesspritze«. Passive Sterbehilfe erfolgt, wenn Ärzte im Wissen, dass jemand für sich lebensverlängernde Maßnahmen ablehnt, dies akzeptieren und lebensverlängernde Maßnahmen unterlassen oder beenden. Bei der indirekten Sterbehilfe wird eine medizinische Behandlung durchgeführt, bei der die Ärzte unter Umständen den Tod in Kauf nehmen, weil quälende Beschwerden anders nicht zu lindern sind.

Die aktive Sterbehilfe ist in Deutschland verboten. Das gilt auch, als Tötung auf Verlangen, wenn der schwer kranke, sterbende Patient dies ausdrücklich wünscht und erbittet. Lehnt der Patient eine Behandlung ab, macht sich der Arzt nicht strafbar, wenn er diesem Wunsch nachkommt – auch dann nicht, wenn diese Weigerung zum Tod führt. So wie kein kranker Mensch gezwungen werden kann, zum Arzt zu gehen, oder ein Patient nicht im Krankenhaus festgehalten werden kann, wenn er nach Hause möchte, so können Schwerkranke oder Sterbende eine Behandlung verweigern und in Kauf nehmen, dass sie wegen dieser Nichtbehandlung sterben werden (passive Sterbehilfe).

Vorsorge durch Patientenverfügungen

Auch bei einer nicht lebensbedrohenden Erkrankung kann es Phasen geben, in denen ein Patient seinen Willen nicht äußern kann. Er kann zu diesem Zeitpunkt nicht entscheiden, ob er eine bestimmte Behandlung wünscht oder nicht. Dies trifft häufig auch Menschen in den letzten Tagen oder Stunden vor ihrem Tod, da sie dann oft nicht mehr bei Bewusstsein sind. Vor jeder Maßnahme muss der Arzt aber den Willen des Patienten ermitteln oder, wenn dies nicht möglich ist, den mutmaßlichen Willen. Wenn der Arzt also durch eigene

Gespräche mit dem Patienten oder durch die Aussagen von
Angehörigen zweifelsfrei den Patientenwillen erkennt, kann
er danach handeln. Immer mehr Menschen haben genau für
diesen Fall eine »Patientenverfügung«
abgefasst.

Allerdings gibt auch ein solches Doku-
ment keine absolute Sicherheit, dass
die Ärzte so verfahren, wie es der Betroffene dort festgelegt hat. Das kann zum
einen daran liegen, dass die Erklärung
nicht konkret genug gefasst ist, sodass
der entscheidende Arzt letztlich nicht
sicher den Patientenwillen ermitteln
kann. Zum anderen kann die Erklärung
so alt sein, dass der Arzt ihre Gültigkeit
für den aktuellen Zeitpunkt anzweifelt.
Insbesondere manche der zahllosen Vor-
drucke, die mittlerweile für Patientenver-
fügungen kursieren, sind sehr oberfläch-
lich gehalten und werden im Ernstfall kaum berücksichtigt
werden. Es ist daher empfehlenswert, statt eines Vordrucks
selbst gewählte Formulierungen für möglichst konkrete
Situationen zu wählen und die Verfügung regelmäßig zu ak-
tualisieren. Hinweise, was beim Abfassen einer Patientenverfügung zu beachten ist, finden Sie in dem Ratgeber »Patientenverfügung. Vorsorgevollmacht und Betreuungsverfügung«
der Verbraucherzentralen (www.vz-ratgeber.de).

Weigern sich Ärzte, eine Patientenverfügung zu akzeptieren,
haben die Angehörigen die Möglichkeit, ein Gericht anzu-
rufen. In solchen Fällen wird das Betreuungsgericht tätig,
es wird einen sogenannten Betreuer bestellen, der dann
im Interesse des Patienten handeln kann. Auch für diesen
Fall können Sie vorsorgen. Zum einen, indem Sie eine Betreuungsverfügung errichten, in der Sie Wünsche äußern,
wer die Betreuung übernehmen soll und was diese Person in

‹ › Beispielfall

Frau G. war zu Besuch bei ihrer Tochter in
Dresden. Dort erleidet Frau G. einen Schlaganfall und ist im Krankenhaus zunächst nicht
mehr bei Bewusstsein. Ihr Mann möchte sie
in den Heimatort verlegen lassen, um sie
häufiger besuchen zu können. Die Tochter
will aber, dass sie in der Klinik vor Ort bleibt.
Da ein Patientenwille nicht eindeutig festgestellt werden kann, darf eine Verlegung nicht
durchgeführt werden. Hätte Frau G. eine
Patientenverfügung verfasst, in der geregelt
ist, dass sie – wenn immer möglich – in das
Krankenhaus ihrer Heimatstadt verlegt werden möchte, müssten sich die Ärzte daran
halten, soweit keine medizinischen Gründe
dagegen sprechen.

Ihrem Sinne regeln soll. Zum anderen können Sie durch eine sogenannte Vorsorgevollmacht bestimmen, dass eine von Ihnen benannte Vertrauensperson für Sie Entscheidungen fällen kann. Diese Person kann von Ihnen ermächtigt werden, Entscheidungen über schwerwiegende medizinische Behandlungen bis hin zur Beendigung lebensverlängernder Maßnahmen zu fällen. Ein Betreuer bzw. ein Bevollmächtigter kann den Abbruch lebenserhaltender oder -verlängernder Maßnahmen allerdings nur dann von den Ärzten verlangen, wenn der Abbruch der Maßnahmen dem mutmaßlichen Patientenwillen entspricht und die Ärzte mit ihm einig sind über den Willen des Patienten. Wenn dies nicht der Fall ist, kann eine solche Entscheidung nur mit Zustimmung des Betreuungsgerichts getroffen werden.

Besonders schwierig gestaltet sich die Situation bei Patienten, deren Tod nicht innerhalb weniger Tage zu erwarten ist, sondern die, wie zum Beispiel Komapatienten, bereits Jahre in einem schwer kranken Zustand verharren und deren Lage sich voraussichtlich über weitere Jahre hinweg nicht ändern wird. Hier werden Ärzte mit der Frage konfrontiert, ob eine künstliche Ernährung aufrechterhalten werden soll. Oder ob Behandlungen eingeleitet werden sollen, wenn der Patient zum Beispiel zusätzlich eine Infektion wie eine Lungenentzündung erleidet. Ohne schriftliche Patientenverfügung gelingt es den Angehörigen oder Betreuern in der Regel nicht, den Abbruch der Behandlung vor Gericht durchzusetzen. Bei Vorliegen einer solchen Erklärung oder einer Vorsorgevollmacht ist die Rechtslage nun klar. Dem Patientenwillen ist auch in solchen Behandlungssituationen, die eigentlich nicht unmittelbar zum Tode führen, zu folgen.

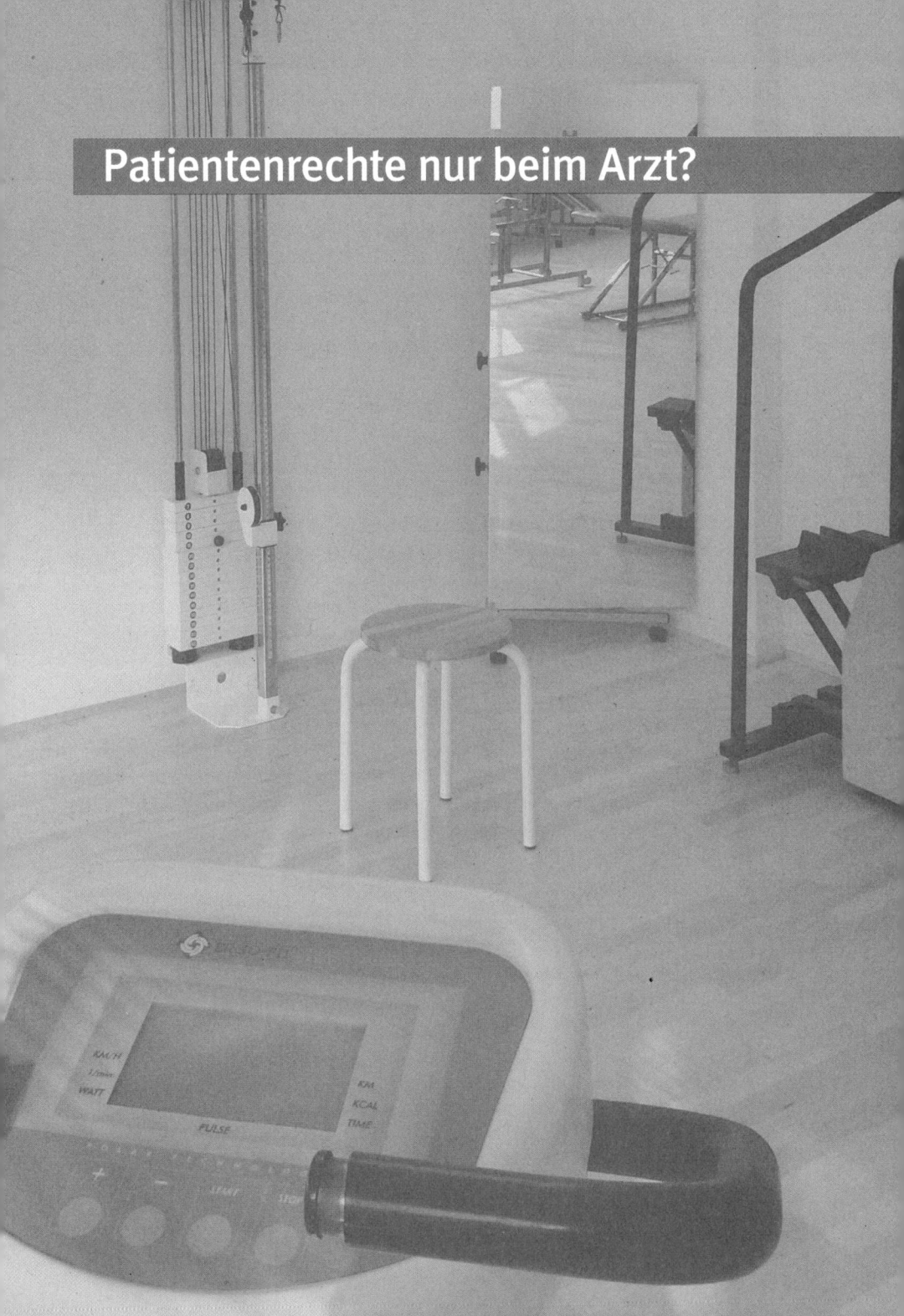

Patientenrechte nur beim Arzt?

Im Gesundheitssystem wirken außer den Ärzten noch viele andere Berufsgruppen wie Pflegekräfte, Apotheker, Psychotherapeuten und Heilpraktiker. Die Rechte der Patienten sind hier von den Besonderheiten des Kontakts mit diesen Berufsgruppen geprägt.

Psychotherapeutische Behandlung

Patienten, die sich in psychotherapeutischer oder psychiatrischer Behandlung befinden, sind häufig in einer schwierigeren Situation als rein körperlich erkrankte Patienten, wenn sie ihre Rechte geltend machen und durchsetzen wollen. Diagnose und Behandlung des jeweiligen Problems setzen ein intensives Vertrauensverhältnis voraus, da ein Patient sehr viel über sich und seine Lebensumstände berichtet. Ein Wechsel des Therapeuten wird einem Patienten meist sehr schwerfallen. Möglicherweise muss ein psychisch Erkrankter gelegentlich auch mit Vorurteilen kämpfen, wenn ihm bei berechtigten Ansprüchen etwa Querulantentum unterstellt wird. Und schließlich können die psychischen/seelischen Vorgänge in einem Menschen häufig nicht so exakt beschrieben werden wie körperliche Vorgänge. Psychotherapeutische und psychiatrische Therapieerfolge und Misserfolge sind deshalb noch schwieriger zu bewerten, als dies bei der Behandlung körperlicher Probleme der Fall ist. Dennoch haben Patienten auch gegenüber Psychotherapeuten und Psychiatern Rechte. Sie ergeben sich unter anderem aus dem Behandlungsvertrag und können bei entsprechenden Verstößen zu Schadenersatz und Schmerzensgeld führen.

Ärzte oder Psychologen

Psychotherapeuten sind von ihrer Ausbildung her in der Regel Ärzte und/oder Psychologen. Psychiater sind dagegen stets Ärzte. Ein wichtiger Unterschied: Nur Ärzte dürfen Medikamente verordnen. Wenn Patienten Probleme mit einem Therapeuten haben, ist bei den Ärzten die Ärztekammer zuständig, bei den Psychologen die Psychotherapeutenkammer (Adressen → Seite 192).

Aufklärung, Information und Schweigepflicht

Zu Beginn einer Behandlung muss der Therapeut den Patienten über die Diagnose aufklären. Nur in Ausnahmefällen, etwa wenn dies den Patienten gefährdet, kann er davon absehen. Er muss die vorgeschlagene Therapie mit ihren Chancen und Risiken erläutern und Alternativen dazu darstellen. Selbstverständlich darf ein Therapeut einen Patienten nur behandeln, wenn er fachlich dazu in der Lage ist. Wie auch bei der ärztlichen Behandlung kann der Patient von einem Therapeuten nicht verlangen, dass eine bestimmte Therapie erfolgt. Wenn also beispielsweise der Therapeut eine Gruppentherapie vorschlägt und darauf beharrt, kann der Patient von ihm keine Einzeltherapie einfordern. Es bleibt ihm nur die Möglichkeit, den Therapeuten zu wechseln.

Es liegt auf der Hand, dass in einer Psychotherapie besonders sensible Patientendaten entstehen. Der Therapeut muss daher besonders sensibel für den vorgeschriebenen Datenschutz sorgen. Auch die Krankenkassen wenden für das Antragsverfahren ein anonymisiertes Verfahren an, damit der Sachbearbeiter nicht erfährt, welche Probleme der Versicherte hat, und der Gutachter wiederum nicht den Namen des Versicherten. Bei den Beihilfestellen ist dies nicht so gut gelöst, Schweigepflicht besteht dort jedoch selbstverständlich auch.

Auch die wirtschaftliche Aufklärung ist wichtig: Gesetzlich Versicherte müssen schriftlich informiert werden (§ 630c Abs. 3 BGB), wenn sie Kosten übernehmen sollen, denn die gesetzlichen Krankenkassen übernehmen nur bestimmte Therapien, und dann auch nur für eine bestimmte Anzahl von Sitzungen (→ Seite 126). Längst nicht jeder Therapeut hat übrigens eine Kassenzulassung – darauf muss er hinweisen. Weiterhin muss der Therapeut die voraussichtliche Dauer einer Therapie und die Kosten, die der Patient aus eigener Tasche zahlen muss, erläutern. Privatpatienten müssen ihre Versicherungsverträge beachten. Die Dauer der Psychotherapie

[ ] Tipp

Gelegentlich verlangen Psychotherapeuten über das von der Krankenkasse gewährte Entgelt ein Zusatzhonorar vom Patienten. Die Begründung lautet, dass der Patient bei einer Zuzahlung die Therapie motivierter durchführen werde. Psychotherapeuten mit Kassenzulassung ist dies nicht erlaubt. Patienten sollten sich in solchen Fällen an die zuständige Kassenärztliche Vereinigung, die Psychotherapeutenkammer und/oder die eigene Krankenkasse wenden.

darf in den Vertragsbedingungen einer privaten Krankenversicherung auf 30 Sitzungen pro Kalenderjahr beschränkt werden (BGH, Urteil vom 16.6.2004, Az. IV ZR 257/03). Nicht zulässig ist dagegen eine Beschränkung auf 30 Sitzungen während der gesamten Vertragsdauer.

Therapieverlängerungen müssen von der Krankenkasse genehmigt werden. Erteilt sie diese Genehmigung nicht, hat der Patient nur die Möglichkeit, die

---

Psychotherapie für gesetzlich Versicherte

Nach dem Psychotherapeutengesetz von 1998 können gesetzlich Versicherte außer ärztlichen Psychotherapeuten auch psychologische Psychotherapeuten sowie Kinder- und Jugendlichen-Psychotherapeuten mit Kassenzulassung aufsuchen, ohne dass vorher ein Arzt eine Überweisung ausgestellt hat. Die psychotherapeutische Behandlung umfasst die vom Gemeinsamen Bundesausschuss (Adresse → Seite 194) in der Psychotherapie-Richtlinie anerkannten psychotherapeutischen Verfahren: die analytische Psychotherapie, die tiefenpsychologisch fundierte Psychotherapie und die Verhaltenstherapie. Für diese Verfahren werden jeweils unterschiedlich viele Sitzungen bezahlt. Damit die Kasse die Kosten übernimmt, müssen eine psychische Erkrankung (zum Beispiel Depressionen, übermäßige Ängste oder Zwangsstörungen) oder psychosomatische Beschwerden (bei vielen chronischen Krankheiten wie Haut- oder Darmerkrankungen, aber auch Rückenleiden) vorliegen. Der Psychotherapeut muss zunächst in den sogenannten probatorischen Sitzungen die Behandlungsbedürftigkeit klären. In dieser Zeit ist ein Wechsel des Therapeuten jederzeit möglich. Nichtärztliche Psychotherapeuten sind verpflichtet, einen Arzt einzubeziehen, um eine organische Erkrankung auszuschließen. Vor Beginn der Behandlung muss der Patient einen Antrag bei seiner Krankenkasse stellen. Probesitzungen dürfen aber in begrenzter Zahl (fünf bis acht Mal) ohne Antrag abgehalten werden.

Psychotherapie für gesetzlich Versicherte
Anzahl der Stunden (eine Stunde = mind. 50 min)
Quelle: www.g-ba.de

Therapieverfahren	Einzeltherapie	Gruppentherapie
Analytische Psychotherapie	160 bis max. 240 in besonders begründeten Fällen	80 bis max. 120 in besonders begründeten Fällen
Tiefenpsychologisch fundierte Psychotheraphie	50 bis max. 80 in besonders begründeten Fällen	40 bis max. 60 in besonders begründeten Fällen
Verhaltenstherapie	45 bis max. 60 in besonders begründeten Fällen	Nur in Kombination mit Einzeltherapie als Gruppentherapie möglich

Therapie abzubrechen oder sie aus eigener Tasche weiterzubezahlen. Hat der Therapeut aber die Folgegenehmigung der Krankenkasse als bloße Formsache dargestellt und kann der Patient dies belegen, müsste der Therapeut für den wirtschaftlichen Schaden des Patienten aufkommen, wenn die Krankenkasse letztlich doch die Fortführung der Therapie verweigert.

Behandlungsfehler

So wie ein Patient bei körperlichen Erkrankungen das Recht hat, jederzeit über den Behandlungsprozess informiert zu werden, hat er dies auch bei psychotherapeutischer oder psychiatrischer Behandlung. Die Diagnose im Beispiel mag richtig sein, der Therapeut darf aber nicht ein solch einschneidendes Ziel verfolgen, ohne dies mit dem Patienten zu besprechen.

❮ ❯ Beispielfall

Mechthild S. sucht wegen einer Angststörung einen Psychotherapeuten auf. Der Therapeut meint zu erkennen, dass die Ehe der Patientin in erheblichem Maße zu ihrem Problem beiträgt. Ohne die Patientin darüber zu informieren, arbeitet der Therapeut darauf hin, die Ehe zu beenden.

Der Therapeut ist auch verpflichtet, einen Patienten darauf hinzuweisen, wenn das gewählte Therapieverfahren neu und noch nicht erprobt ist. Gerade in der Psychotherapie gibt es zahlreiche Therapieschulen, die häufig wissenschaftlichen Nachweisen nicht genügen. Da für Patienten kaum überschaubar ist, welche Therapieverfahren allgemein anerkannt sind, muss der Therapeut über das gewählte Verfahren exakt aufklären.

Suizidgefahr

Psychotherapeuten und psychiatrische Kliniken sehen sich häufig Vorwürfen von Angehörigen ausgesetzt, wenn Patienten sich selbst getötet haben. In diesen Fällen kommt es darauf an, ob der Behandler hätte erkennen müssen, dass eine Selbsttötung geplant ist. Die behandelnden Psychotherapeuten und Ärzte müssen dabei abwägen zwischen der potenziellen Gefahr, die möglicherweise Sicherheitsmaßnahmen (zum Beispiel Einschließen) erfordert, und den unter Umständen nicht gerechtfertigten Eingriffen in das Persönlichkeitsrecht der Betroffenen.

Bei Menschen, die im Rahmen einer Psychotherapie eine sehr enge Beziehung zu ihrem Therapeuten eingehen, kann es vorkommen, dass ein Therapeut diese Nähe ausnutzt und den Patienten manipuliert oder zu sexuellen Handlungen missbraucht. Ein solches Verhalten stellt einen Behandlungsfehler dar, auch wenn die Annäherung vom Patienten ausgegangen ist (OLG Düsseldorf, Urteil vom 12.10.1989, Az. 8 U 10/88). Der extremste Fall eines Behandlungsfehlers ist die Selbsttötung in Folge einer fehlerhaften Einschätzung der Gefährdungslage des Patienten.

Der Therapeut muss dafür Sorge tragen, dass ein Patient bei entsprechender Krankheit in Notfällen auch außerhalb der üblichen Sprechzeiten versorgt werden kann. Dies kann durch Herausgabe einer Telefonnummer oder durch Verweis auf Kollegen sichergestellt werden.

Spätestens nach Ablauf der üblichen Behandlungsdauer sollte der Therapeut darüber sprechen, wie es weitergeht. Sofern er einen Behandlungserfolg für zweifelhaft oder sich selbst nicht für geeignet hält, einen solchen herbeizuführen, muss er umgehend darauf hinweisen. Da es bei Patienten, ganz besonders in einer lang andauernden Psychotherapie, zu abhängigkeitsähnlichen Verhältnissen mit Therapeuten kommen kann, ist es auch die Aufgabe des Therapeuten, nach Erreichen des angestrebten Behandlungsziels auf ein Ende der therapeutischen Beziehung hinzuarbeiten. Geschieht dies nachweislich nicht, kann der Therapeut für den Schaden haftbar gemacht werden und er verliert unter Umständen seinen Honoraranspruch.

Dokumentation

Anamnese, Diagnose und Therapie sowie deren Verlauf müssen auch Psychotherapeuten umfassend dokumentieren. Eine Besonderheit besteht bezüglich des Rechts auf Einsichtnahme in die Behandlungsunterlagen. Nach der Rechtsprechung darf ein Therapeut seinem Patienten die Einsichtnahme verweigern, wenn aus den Unterlagen für ihn derart Belastendes hervorgeht, dass eine Schädigung befürchtet werden muss. Dieses Argument müssen sich besonders häufig Psychotherapie- und Psychiatriepatienten entgegenhalten lassen. Wichtig ist, dass der Therapeut den konkreten Einzelfall betrachtet und nicht etwa behauptet, für Psychotherapie- oder Psychiatriepatienten gebe es generell keine Akteneinsicht. Der Patient hat darüber hinaus das Recht, über einen Rechtsanwalt Akteneinsicht zu nehmen.

Nicht wahrgenommene Termine

Psychotherapeuten gehören zu den Behandlern, die in der Regel fixe Termine vergeben. Dies führt dazu, dass – wenn ein Patient unentschuldigt ausbleibt – sie keinen anderen Patienten behandeln können. Psychotherapeuten können daher ein Ausfallhonorar verlangen, wenn der Patient nicht rechtzeitig, in der Regel am Vortag, absagt. Dabei darf er allerdings nicht 100 Prozent des Stundensatzes ansetzen, denn meist wird der Therapeut die freigewordene Zeit für Büroarbeit, Fortbildung und Ähnliches nutzen. Ein Betrag von 80 Prozent des vereinbarten Honorars dürfte angemessen sein. Voraussetzung ist, dass dies mit dem Patienten schriftlich vereinbart wurde.

[ ] Tipp

Weitere Informationen finden Sie im Ratgeber »Psychotherapie« der Verbraucherzentralen (www.vz-ratgeber.de).

Im umgekehrten Fall kann auch der Patient für den unentschuldigten Ausfall einer fest vereinbarten Therapiesitzung den Ersatz seines nachgewiesenen Schadens verlangen, beispielsweise für Fahrtkosten oder Verdienstausfall. Da zu vielen Therapien, insbesondere den länger andauernden, eine gewisse Regelmäßigkeit gehört, also etwa eine oder mehr Sitzungen pro Woche, stellt es einen Behandlungsfehler dar, wenn der Therapeut regelmäßig Termine ausfallen lässt oder verschiebt.

Patientenrechte in der Pflege

Die nichtärztlichen Mitarbeiter in einem Krankenhaus wie Krankenschwestern und Pfleger standen in Deutschland immer im Schatten der behandelnden Ärzte. Sie wurden oft nur als untergeordnete Gehilfen betrachtet. In vielen anderen Staaten Europas und in den USA hat das Pflegepersonal einen weitaus größeren eigenen Verantwortungsbereich, den es unabhängig von ärztlicher Kontrolle organisieren und fachlich vertreten muss. Seit einigen Jahren bekommt das Thema Pflege auch in Deutschland einen höheren Stellenwert.

Neben der Pflege im Krankenhaus ist die Pflege in Einrichtungen der stationären Altenhilfe und durch ambulante Pflegedienste besonders bedeutend. In solchen Einrichtungen handelt das Pflegepersonal in der Regel ohne ärztliche Aufsicht weitgehend eigenverantwortlich.

Pflege im Krankenhaus
Pflegekräfte sind verpflichtet, die in ihrem Beruf übliche Sorgfalt einzuhalten und Schaden vom Patienten fernzuhalten. Dazu kann inzwischen auf verschiedene Leitlinien und Standards zurückgegriffen werden, etwa vom Deutschen Netzwerk für Qualitätsentwicklung in der Pflege (www.dnqp. de), die – wissenschaftlich abgesichert – die Qualität pfle-

gerischen Handelns festlegen und damit aus Sicht der Patienten nachprüfbar machen.

Jede Handlung am Patienten bedarf der Einwilligung, diese benötigen auch Pflegekräfte. Und ebenso wie die ärztlichen müssen pflegerische Maßnahmen und Behandlungspläne umfassend dokumentiert werden. Selbstverständlich hat der Patient ein Recht zur Einsichtnahme in diese Unterlagen.

Pflegekräfte sind verpflichtet, die Patienten hinsichtlich ihres Krankheitszustands zu beobachten. Sie dürfen sich dabei nicht vollständig auf das Urteil eines Arztes verlassen, sondern sind unter Umständen sogar verpflichtet, einen anderen Arzt oder im Krankenhaus einen Vorgesetzten einzuschalten. Solche Sorgfaltspflichten treffen das Pflegepersonal auch, wenn es unmittelbar auf Anordnung eines Arztes tätig wird, also verordnete Medikamente verabreicht, Spritzen gibt oder technische Geräte zum Einsatz kommen. Die Pflegefachkraft darf sich nicht einfach darauf verlassen, dass der Arzt schon das richtige Medikament bereitgestellt haben wird. Sie muss selbst überprüfen, ob eventuell eine Verwechslung vorliegt. Bestimmte Medikamente, insbesondere solche, bei denen es zu spontanen Reaktionen kommen kann, müssen Ärzte selbst verabreichen. Dies gilt beispielsweise für bestimmte Herzmittel oder Zytostatika (Krebsmittel).

Dekubitusprophylaxe
Einer der häufigsten Pflegefehler ist der sogenannte Dekubitus. In vielen Fällen kann das Wundliegen bzw. die Bildung von Druckgeschwüren (Dekubitalulzera) vermieden werden. Bevor der entsprechende Pflegestandard entwickelt wurde, existierte für die Pflegekräfte keine wissenschaftlich begründete Handlungsanweisung, um den Dekubitus zu verhindern: So wurden beispielsweise (und werden teilweise heute noch) Schaffelle als Unterlage für gefährdete Patienten verwendet, obwohl sie therapeutisch nicht wirksam oder sogar schädlich sind. Mithilfe des Pflegestandards ist es nun für Patienten

bzw. ihre Angehörigen möglich, durch Gutachter überprüfen zu lassen, ob ein Pflegefehler vorliegt.

Allerdings trifft den Patienten die Beweislast. Kann er den Beweis aufgrund einer mangelhaften oder gar fehlerhaften Dokumentation des Pflegepersonals nicht führen, kehrt sich – wie bei der ärztlichen Behandlung – die Beweislast um: Dann muss die Pflegefachkraft wegen der mangelhaften Dokumentation den unterstellten Pflegefehler entkräften.

Sturzprophylaxe

Wenn Patienten in Krankenhäusern oder Pflegeeinrichtungen stürzen, kann es sein, dass das Pflegepersonal seine Sorgfaltspflicht verletzt hat. Es kommt jedoch darauf an, was die Einrichtung über den Patienten und seine Risikofaktoren für einen Sturz wissen konnte und musste und welche Maßnahmen ergriffen wurden. Wie eine Einrichtung fachlich korrekt vorgehen sollte, wird in dem entsprechenden Pflegestandard des DNQP dokumentiert (→ Seite 130 f.). Nicht bei jedem Sturz liegt aber eine Pflichtverletzung vor. Denn es muss auch vermieden werden, dass die Bewegungsmöglichkeiten eines Patienten über das notwendige Maß hinaus eingeschränkt werden (→ Seite 136). So hat der BGH festgestellt, dass Altenheimbewohner nicht lückenlos überwacht werden müssen (BGH, Urteil vom 28.4.2005, Az. III ZR 399/04), wenn keine gesteigerten Anzeichen für ein Sturzrisiko vorliegen. Auch hier wird es auf die genaue Pflegedokumentation ankommen.

‹ › Beispielfall

Herr M. ist trotz seiner 88 Jahre noch sehr selbstständig. Die Mitarbeiter des Krankenhauses müssen ihm deshalb nur selten zu Hilfe kommen. Allerdings ist ihm in letzter Zeit häufig schwindelig, wenn er aus dem Bett aufsteht. Er ist auch schon zweimal gestürzt, hatte aber Glück und erlitt keine Verletzungen. Eines Nachts muss er zur Toilette. Da er sich etwas unsicher fühlt, klingelt er nach der Nachtschwester. Die bittet Herrn M., allein zu gehen, da sie dringendere Fälle zu versorgen habe. Mit Betreten des Badezimmers wird ihm schwindelig, er stürzt und schlägt mit dem Kopf auf die Toilette auf. Herr M. erleidet starke Schmerzen, seine Zahnprothese ist zerstört. Die Reparatur kostet 1.000 Euro. Da dem Krankenhaus das Risiko bekannt war, hätte Herr M. unterstützt werden müssen, zumal er sogar darum gebeten hatte. Der Träger müsste für den Schaden aufkommen.

Die Krankenkassen nehmen derzeit eine seltsame Doppelrolle ein. Auf der einen Seite verklagen sie in zahlreichen Fällen Pflegeheime und Krankenhäuser, in denen es zu Stürzen von Patienten kam. Auf der anderen Seite sind viele Kassen aber nicht bereit, den Mehrbedarf an Personal oder notwendige Hilfsmittel zu finanzieren, mit denen Stürze vermieden werden könnten. Betroffene und Angehörige sollten daher für den Fall eines Sturzes nicht nur das Pflegepersonal oder den Einrichtungsträger in Anspruch nehmen, sondern durchaus die Haftung der Kranken- bzw. Pflegekasse prüfen lassen. Insbesondere dann, wenn die Einrichtung die Notwendigkeit solcher Schutzmaßnahmen dokumentiert hatte.

Ambulante Pflege
Die ambulante Pflege ist durch die Besonderheit gekennzeichnet, dass die pflegerischen Maßnahmen in der Wohnung des Patienten stattfinden. Eine Pflegekraft muss sich deshalb nicht nur bei der eigentlichen Pflege sorgsam verhalten, sondern auch mit der Einrichtung des Patienten rücksichtsvoll umgehen. Lässt sie also beispielsweise eine Wasserschüssel auf einen Teppich fallen, haftet sie für die Folgen. Die Haftung für solche Zwischenfälle, insbesondere die Haftung für Personenschäden, kann in Pflegeverträgen nicht generell ausgeschlossen werden. Die Pflegekraft erhält von Patienten häufig auch den Wohnungsschlüssel: Er muss mit großer Sorgfalt verwahrt und darf nicht etwa mit einem Namens- und Adressschild versehen werden. Darüber hinaus sollte der Pflegedienst den Abschluss einer ausreichenden Betriebs- und Berufshaftpflichtversicherung nachweisen.

In einer Art Tagebuch halten die Pflegekräfte die aktuelle Pflegesituation fest und notieren Veränderungen, die möglicherweise andere Pflegedienstleistungen erforderlich machen. Diese Dokumentation ist zwar Eigentum des Pflegedienstes, sollte aber beim Pflegebedürftigen verbleiben. Nach Beendigung der Pflege geht sie an den Pflegedienst zurück.

Gelegentlich gibt es bei ambulanten Pflegediensten Probleme mit der Abrechnung. Im Rahmen seiner wirtschaftlichen Aufklärungspflicht muss der Pflegedienst schon bei Vertragsbeginn auf die möglichen Kosten hinweisen und transparent machen, wie sich die Kosten zwischen dem Patienten und anderen Kostenträgern (Pflegekasse, Sozialhilfe etc.) aufteilen. Der Patient darf jederzeit Einsicht in die Nachweise über die erbrachten Tätigkeiten nehmen, auf Wunsch muss ihm der Pflegedienst Kopien anfertigen (pro Seite Kosten von maximal 50 Cent).

Ein Pflegevertrag muss schriftlich geschlossen werden. Leistungserweiterungen muss der Pflegedienst vor Beginn mit dem Patienten absprechen und vereinbaren. Kündigt der Pflegedienst den Vertrag, kann er nicht von heute auf morgen einfach wegbleiben, sondern ist verpflichtet, sich um die weitere pflegerische Versorgung zu bemühen. Personalknappheit rechtfertigt übrigens in der Regel keine ordentliche Kündigung, denn der Pflegedienst ist in solchen Fällen vielmehr verpflichtet, seinen Vertragspflichten durch Kooperation mit anderen Diensten nachzukommen.

Pflegebedürftige wie auch der Pflegedienst haben das Recht, den Vertrag aus wichtigem Grund fristlos zu kündigen. Wichtige Gründe können zum Beispiel ein gestörtes Vertrauensverhältnis sein. Oder wenn der Pflegebedürftige mehr als zwei Monate in Zahlungsverzug ist. Auch dann muss der Pflegedienst jedoch seine Pflichten aus dem Versorgungsvertrag in zumutbarem Umfang beachten und darf Hilfe und Unterstützung nicht kündigen, ohne dass ein anderer Pflegedienst gefunden wurde.

Pflege im Altenheim
Die Pflege in einem Altenheim erhält ihre besondere Bedeutung dadurch, dass Pflegebedürftige sich häufig längerfristig dort aufhalten. Die Abhängigkeiten der Pflegebedürftigen sind um ein Vielfaches größer als bei der zumeist kurzzei-

Der Pflegevertrag

■ Vertragspartner des Pflegedienstes sollte nur der Pflegebedürftige selbst sein. Werden Angehörige genannt und unterschreiben sie den Vertrag, müssen sie auch für die Rechnung aufkommen.

■ Kernstücke des Pflegevertrags sind die Beschreibung der Leistungen, die für den Pflegebedürftigen erbracht werden, sowie die Vergütungsregelungen. Es muss festgelegt sein, wie hoch die Kostenbeteiligung von Pflegekasse und Krankenkasse ist und ob ein Eigenanteil zu leisten ist.

■ Im Pflegevertrag sollte festgelegt sein, dass die Leistungsnachweise und die Pflegedokumentation jederzeit eingesehen und kopiert werden können.

■ Das Kleingedruckte sollte regeln, dass Rechnungen frühestens zwei Wochen nach Rechnungsstellung fällig werden. Abgerechnet wird dabei jeweils am Monatsanfang für den Vormonat. Keinesfalls sollten im Vertrag Vorauszahlungen oder Abschlagszahlungen festgeschrieben werden. Eine Einzugsermächtigung ist zwar bequem, verhindert aber auch die Möglichkeit, Rechnungen zu kürzen, wenn Leistungen nicht oder nicht zufriedenstellend erbracht wurden. Im Vertrag sollte zudem festgehalten sein, dass der Pflegedienst Leistungen, die mit der Pflege- oder Krankenkasse abzurechnen sind, dieser auch direkt in Rechnung stellt. Das gilt natürlich auch für Abrechnungen gegenüber dem Sozialhilfeträger. Allerdings sollte sich der Pflegedienst verpflichten, den Pflegebedürftigen über die jeweiligen Rechnungsbeträge zu informieren.

■ Der Pflegedienst sollte sich vertraglich verpflichten, für Schäden durch seine Mitarbeiter zu haften – und zwar sowohl dann, wenn bei der direkten Pflege etwas passiert, als auch bei Schäden, die während des Besuchs angerichtet werden. Auch sollte festgehalten werden, dass der Pflegedienst Schadenersatz leisten muss, wenn der überlassene Wohnungsschlüssel verloren geht. Zudem sollte der beauftragte Dienst die Haftung für etwaige Kooperationspartner erklären.

■ Auch die Kündigungsfristen sollten im Vertrag festgeschrieben sein. Denn wird hierzu nichts vereinbart, gilt die gesetzliche Kündigungsfrist von 14 Tagen. Deshalb sollte der Vertrag zum einen den Passus enthalten, dass das Pflegeverhältnis beim Tod des Pflegebedürftigen unmittelbar endet, bei einem vorübergehenden stationären Aufenthalt hingegen lediglich ruht. Zum anderen sollte vereinbart werden, dass der Pflegebedürftige mit einer Frist von zehn Tagen zum Monatsende ordentlich kündigen kann (falls nicht der Versorgungsvertrag zwischen Pflegedienst und Pflegekasse ohnehin eine kürzere Frist vorsieht). Der Pflegedienst sollte den Vertrag dagegen nur – schriftlich – mit einer Frist von sechs Wochen zum Quartalsende ordentlich kündigen können.

tigen Unterbringung in einem Krankenhaus oder gar der Betreuung durch einen ambulanten Pflegedienst, der jederzeit gewechselt werden kann. Umso schwerer fällt es Bewohnern und ihren Angehörigen, gegen pflegerische Fehler im Altenheim vorzugehen. Deshalb zeichnet sich ein gutes Pflegeheim auch dadurch aus, dass es ein aktives Beschwerdemanagement betreibt. Es ermutigt Bewohner und ihre Angehörigen, Fehler zu melden, und kümmert sich um deren Beseitigung.

[ ] Tipp

Neben der individuellen Beschwerde haben Altenheimbewohner und ihre Angehörigen die Möglichkeit, die Heimaufsicht um Hilfe zu bitten, telefonisch oder schriftlich – auch anonym. Die Heimaufsicht ist für den Schutz der Heimbewohner zuständig. Sie können die Adresse über die Stadtverwaltung erfahren. Zudem können sie sich jederzeit, auch anonym, an den Medizinischen Dienst der Pflegekasse wenden. In einigen Städten gibt es darüber hinaus telefonische Beratung zum Problemkreis »Gewalt in der Pflege«.

Freiheitsentziehende Maßnahmen

Leider werden in Altenheimen gelegentlich Maßnahmen ergriffen, die dem Personal die Pflege erleichtern und damit Kosten sparen, die aber gegen den Willen des Patienten geschehen und damit rechtswidrig sind. So bringen Pflegekräfte Bettgitter oder Gurte an, die verhindern sollen, dass pflegebedürftige Patienten aufstehen. Zum Teil fordern sogar Krankenkassen solche Maßnahmen von den Einrichtungen, damit Stürze vermieden werden (→ Seite 132 f.). Tatsächlich dürfen freiheitsentziehende Maßnahmen nur in wenigen Fällen und nur auf Anordnung eines Gerichts erfolgen. Geschieht dies ohne eine gerichtliche Anhörung, handelt es sich um einen schweren Pflegefehler, der zu Schadenersatz und Schmerzensgeld berechtigt. Gleiches gilt für Beruhigungs- und Schlafmittel, die Patienten ohne Zustimmung verabreicht werden, oder wenn demenzkranke Menschen ohne richterliche Genehmigung eingeschlossen werden. Solche Maßnahmen sind Ausdruck pflegerischen Unvermögens und schwerer Organisationsmängel in der Einrichtung.

Mängel bei der Ernährung

Unzulässig ist auch, wenn Pflegekräfte den Bewohnern Sondenkost oder eine andere Form der künstlichen Ernährung verabreichen, obwohl dies medizinisch nicht notwendig ist, sondern lediglich die Versorgung erleichtern soll. Manchmal mag die Weigerung eines Bewohners, Nahrung zu sich zu nehmen, Ausdruck des selbstbestimmten Patientenwillens sein, sein Leben zu beenden. Dann muss man ihn gewähren lassen. Vergessen wird aber oft, dass auch die fehlende Fürsorge im Heim Auslöser solcher Gedanken und für Depressionen sein kann, denen nicht mit Zwangsernährung »wegen Unzurechnungsfähigkeit« zu begegnen ist, sondern mit mehr Zuwendung. Auch für Demenzkranke sind die angebotenen Speisen oft nicht krankheitsgemäß, sodass sie sich weigern zu essen; hinzu kommt ein übermäßiger Kalorienbedarf wegen der oft erstaunlich hohen »Laufleistung« dementer Menschen. Die Folge ist, dass die Menschen abmagern und deshalb – anstatt dass andere Arten der Speisendarreichung ausprobiert werden müssen – mit Sonden ernährt werden (mit dem »nicht unbequemen« Nebeneffekt, dass sie im Bett fixiert werden und dadurch weniger Arbeit verursachen).

Nicht selten kommt es vor, dass Altenheimbewohner insgesamt unterernährt sind oder aufgrund von Flüssigkeitsmangel Ausfallerscheinungen zeigen. Auch in diesen Fällen haftet die verantwortliche Pflegekraft bzw. die Einrichtung für eine angemessene Versorgung. Gegebenenfalls ist durch Trink- oder Nahrungsprotokolle die Aufnahme entsprechender Flüssigkeits- oder Nahrungsmengen zu dokumentieren. Die Pflegekräfte müssen sich die Zeit nehmen, bei dem Patienten zu bleiben, bis er genug getrunken hat. Geschieht dies nicht, liegt wiederum ein Pflegefehler vor, für den Patienten Schadenersatz und Schmerzensgeld fordern können.

Beim Heilpraktiker

Menschen, die der sogenannten Schulmedizin misstrauen oder denen Ärzte nicht mehr helfen können, nehmen häufig Heilpraktiker in Anspruch. Selbstverständlich unterliegt auch das Verhältnis zwischen Patient und Heilpraktiker bestimmten Regelungen, aus denen Rechte und Pflichten für die Patienten hervorgehen.

Auf der finanziellen Seite ist der wichtigste Unterschied, dass Heilpraktikerleistungen grundsätzlich nicht von den gesetzlichen Krankenkassen bezahlt werden dürfen. Gesetzlich versicherte Patienten sind gegenüber dem Heilpraktiker also immer Selbstzahler, wenn sie keine Zusatzversicherung abgeschlossen haben. Nur wenn der Heilpraktiker auch zugelassener Kassenarzt ist, kann er bei einigen Kassen Leistungen abrechnen, häufig etwa Homöopathie. Erkundigen Sie sich daher vor einer Behandlung nach den Regelungen Ihrer Krankenkasse.

Privatpatienten müssen den Vertrag mit ihrer Krankenversicherung prüfen, denn teilweise übernehmen die Versicherungsgesellschaften die Kosten nur eingeschränkt. Beispielsweise verlangen sie, dass der Heilpraktiker zusätzlich als Arzt ausgebildet ist. Bei Unklarheiten sollten Privatversicherte die Kostenübernahme vor Beginn der Maßnahme klären.

Da es für Heilpraktiker kein verbindlich festgelegtes Honorarverzeichnis gibt, kann das Honorar frei vereinbart werden. Ein von verschiedenen Heilpraktikerverbänden veröffentlichtes Gebührenverzeichnis (zum Beispiel www.heilpraktiker-infonet.de) gibt eine Orientierungshilfe, ist aber nicht verbindlich, wie dies die entsprechenden Verzeichnisse der Ärzte und Zahnärzte sind. Sofern private Versicherungen ihre Erstattungen an diesem Verzeichnis orientieren, sollten Patienten vor der Behandlung mit dem Heilpraktiker darüber sprechen. Am besten ist es, wenn der Heilpraktiker einen genauen Kostenplan erstellt. Sofern er von den im Verzeichnis aufgelisteten Gebühren abweicht, sollten Patienten sich dies ausführlich begründen lassen. Noch mehr als bei Ärzten besteht so aber auch die Möglichkeit, Preise verschiedener Heilpraktiker zu vergleichen. Gibt es Streit über die Höhe der

Vergütung, so kann insbesondere dann, wenn der Heilpraktiker vor der Behandlung keine oder unklare Kosten festgelegt
hatte, das Gebührenverzeichnis für Heilpraktiker als Ausle-
gungshilfe herangezogen werden.

Ähnlich wie dem Arzt obliegt auch dem Heilpraktiker eine
wirtschaftliche Aufklärungspflicht. Er muss darauf hinweisen, dass die gesetzliche Krankenkasse seine Leistungen
nicht übernimmt. Tut er dies nicht oder erweckt er gar den
Anschein, eine Kostenübernahme durch die Krankenkasse
könne in Betracht kommen, verliert er unter Umständen den
Anspruch auf seine Vergütung.

Der Behandlungsvertrag
Wie Patient und Arzt, so schließen auch Heilpraktiker und
Patient bei Beginn einer Behandlung einen Dienstvertrag ab.
Das heißt, der Heilpraktiker schuldet nicht den Erfolg seiner
Bemühungen, er muss den Patienten also nicht etwa gesund
machen, sondern er muss lediglich alles Erforderliche an Dia-
gnostik und Therapie unternehmen, um zu ermöglichen, dass
das jeweilige Behandlungsziel erreicht werden kann.

Auch die Nebenpflichten aus diesem Vertragsverhältnis ergeben sich ähnlich wie bei den Ärzten. Der Heilpraktiker muss
über Risiken und Nebenwirkungen der Therapie, über die
Alternativen zur gewählten Therapie und über die Kosten seiner Behandlung aufklären. Dokumentations- und Aufbewah-
rungspflichten und die Möglichkeit für den Patienten, Einsicht
in die Unterlagen zu nehmen, bestehen ebenfalls analog zum
Arzt-Patienten-Verhältnis. Das Brechen der Schweigepflicht
des Heilpraktikers ist zwar nicht mit Strafe bedroht, wie es
im Strafgesetzbuch für Ärzte festgelegt ist. Dennoch darf ein
Heilpraktiker nicht unberechtigt Daten und Informationen über
den Patienten weitergeben. Verstößt er gegen diese vertragliche Nebenpflicht, hat der Patient die Möglichkeit, Schadenersatz zu verlangen, wenn ihm durch die Indiskretionen ein
finanzieller Schaden entstanden oder sein Ruf geschädigt ist.

Haftung

Die wichtigste Einschränkung in dem, was ein Heilpraktiker an einem oder mit einem Patienten machen darf, besteht darin, dass er keine verschreibungspflichtigen Medikamente verordnen oder ausgeben darf. Darüber hinaus sind nur einige wenige Tätigkeiten den Ärzten vorbehalten wie etwa die Therapie von Geschlechtskrankheiten oder die Verabreichung von Betäubungsmitteln. Schließlich gibt es noch medizinische Tätigkeiten, die ausschließlich anderen Berufsgruppen zugestanden werden, die Geburtshilfe als Privileg der Hebammen und die Zahnheilkunde als originär zahnärztliche Tätigkeit.

Heilpraktiker dürfen somit Spritzen verabreichen, alle Arten von Untersuchungen und – zumindest theoretisch – auch operative Eingriffe vornehmen. Dies dürfte in der Praxis allerdings kaum zulässig sein, da die Tätigkeit des Heilpraktikers immer ihre Grenze an seinen individuellen Fähigkeiten findet. Es obliegt dem Heilpraktiker, selbst festzulegen, inwieweit er hinreichend qualifiziert ist, eine bestimmte Behandlungsmethode anzuwenden. Schätzt er sich falsch ein, muss er für eventuelle Schäden haften. Insgesamt ist dieser Zustand jedoch für Patienten sehr unbefriedigend, da ihnen ja weniger an Schadenersatz als viel mehr an einer korrekten Behandlung liegt. Es wäre daher dringend erforderlich, die Rechte und Pflichten der Heilpraktiker, insbesondere die qualitativen Voraussetzungen für die Übernahme bestimmter Behandlungen, gesetzlich zu regeln.

Bisher ist der Zugang zum Beruf des Heilpraktikers jedem möglich, der das 25. Lebensjahr vollendet hat, wenn nicht bestimmte, in der Person liegende Verweigerungsgründe (Drogenabhängigkeit oder Ähnliches) bestehen. Eine Fachkundeprüfung findet nur durch das Gesundheitsamt statt, wobei die Anforderungen an die Prüfungen regional sehr unterschiedlich ausfallen. Patienten sind also gut beraten, sich die Qualifikationen des Heilpraktikers erklären und gegebenenfalls nachweisen zu lassen, bevor sie sich in Behandlung begeben. So gibt es etwa für Akupunktur oder Homöopathie teilweise sehr intensive Ausbildungen der Fachgesellschaften, die weit über die Grundqualifikation als Heilpraktiker hinausgehen. Bei Problemen mit Heilpraktikern können sich Patienten an die zuständige Aufsichtsbehörde (kommunales Gesundheitsamt, Kreisgesundheitsamt) wenden.

Apotheker

Mit den letzten Reformen zum Arzneimittelwesen ist den Apothekern immer mehr Verantwortung zugewachsen. So verschreibt der Arzt heute zumeist nur den Wirkstoff, das konkrete Medikament sucht der Apotheker anhand von Vorgaben der jeweiligen Krankenkasse des Patienten aus. Auch die Konkurrenz durch Versand- und Internetapotheken nimmt zu und der Absatz nicht verschreibungspflichtiger Medikamente sowie anderer Warengruppen wie Kosmetika oder Vitaminpräparate gewinnt an Bedeutung. All dies darf jedoch nicht dazu führen, dass der Apotheker in seiner Verantwortung gegenüber den Kunden nachlässt, er muss gesteigerte Informations-, Beratungs- und Sorgfaltspflichten erfüllen. Dies gilt nicht nur bei der selten gewordenen Zubereitung eigener Medikamente – etwa wenn der Apotheker Tees oder Salben anmischt –, sondern durchaus auch bei der reinen Abgabe von Medikamenten, an denen er selbst nichts mehr verändert. Beispielsweise übertragen Apotheker die auf dem Rezept angegebenen Einnahmeregeln auf die Medikamentenpackung. Verschreibt der Apotheker sich dabei oder schreibt er unleserlich, haftet er für die Folgen.

Fallen dem Apotheker Ungereimtheiten bei einem Rezept auf, hat er also den Verdacht, dass ent-

[ ] Tipp

Die Preise für nicht verschreibungspflichtige Medikamente sind seit 2004 freigegeben. Es kann sich also lohnen, Preisvergleiche zwischen verschiedenen Apotheken und bei seriösen Internetanbietern anzustellen.

! Urteil

Auf einem Medikament für ein Kind hatte der Apotheker die Anweisung des Arztes unleserlich übertragen, sodass die Mutter statt »Tr« (Tropfen) »Tl« (Teelöffel) gelesen hatte. Das Kind erlitt durch die übermäßige Dosierung dauerhafte Schäden, für die der Apotheker haftet. Das Urteil bezieht ausdrücklich auch das Kind, mit dem der Apotheker ja keinen Kaufvertrag abgeschlossen hatte, in den Verantwortungsbereich des Apothekers mit ein (OLG München, Urteil vom 8.7.1983, Az. 8 U 3341/81).

weder ein falsches Medikament verschrieben wurde oder dass die notierte Dosierung nicht stimmen kann, so ist er verpflichtet – bevor er das Medikament herausgibt –, mit dem Arzt Kontakt aufzunehmen.

Vor allem bei den Medikamenten, die der Patient ohne Mitwirken eines Arztes kaufen kann, hat der Apotheker eine gesteigerte Beratungspflicht. Sofern der Kunde nicht ausdrücklich auf Informationen verzichtet, muss der Apotheker gegebenenfalls nach weiteren Erkrankungen und weiteren eingenommenen Medikamenten fragen. Er muss den Kunden darauf hinweisen, wenn die längerfristige Einnahme des Präparats gefährlich sein kann bzw. nur nach Rücksprache mit einem Arzt erfolgen sollte. Der Apotheker ist jedoch nicht verpflichtet, darauf hinzuweisen, dass es zu dem vom Kunden gewünschten Präparat auch eine preiswertere, wirkungsgleiche Alternative gibt. Daran muss jeder Kunde selbst denken.

Verschuldet der Apotheker beim Kunden einen Schaden, muss er dafür haften. Es wird für die Kunden jedoch schwierig sein, eine fehlerhafte oder unterlassene Aufklärung zu beweisen. Wenn der Apotheker ein Rezept falsch gelesen oder die Dosierungen falsch weitergegeben hat, haftet er zwar, es kann jedoch zu einer Haftungsminderung kommen, weil auch der Patient eine gewisse Sorgfaltspflicht beim Umgang mit Medikamenten erfüllen muss. Es kommt immer auf die Umstände des Einzelfalls an. So ist zu prüfen, ob es für einen medizinischen Laien erkennbar war, dass Medikamente verwechselt wurden. Die Gerichte haben allerdings in diesem Zusammenhang eine Pflicht des Patienten, die Packungsbeilage sorgfältig zu lesen, eindeutig verneint. Der Patient müsse sich auf das Urteil von zwei Experten – nämlich Arzt und Apotheker – verlassen können.

Der Patient muss beweisen, dass der eingetretene Schaden auf den Fehler des Apothekers zurückzuführen ist. Dabei kann es zu Beweiserleichterungen (→ Seite 167) kommen, wenn der Fehler des Apothekers unstrittig ist und die schädlichen Folgen zu den nach solchen Verwechslungen typischerweise auftretenden Folgen gehören. Der Patient muss dann nicht mehr den genauen Schadensverlauf beweisen. Stattdessen muss nun der Apotheker den Nachweis erbringen, dass es auch andere Gründe als sein Fehlverhalten für den eingetretenen Schaden gibt.

Versand- und Internetapotheken

Deutschen Versand- oder Internetapotheken sind die gleichen Pflichten auferlegt wie den »normalen« Apotheken. Es ist daher ratsam, nur mit solchen Versandapotheken Geschäfte zu machen, die nach deutschem Recht zugelassen sind. Informationen, ob eine Versand- oder Internetapotheke diese Zulassung hat, kann die eigene Krankenkasse erteilen. Besonders hohe Anforderungen sind an die Sicherheit der Transportwege zu stellen. Sofern der Versender die Lieferung innerhalb einer bestimmten Frist zusagt, kann er für Schäden haftbar gemacht werden, die durch ein von ihm verschuldetes Überschreiten der Frist entstanden sind.

Grundsätzlich verboten ist der Kauf von Arzneimitteln bei außereuropäischen Internethändlern. Wer dort bestellt, riskiert nicht nur, gefälschte Medikamente zu erhalten, sondern auch, dass der Zoll die Waren beschlagnahmt und Ordnungsgelder fällig werden.

Arzneimittelhaftung

Viele Krankheiten, die noch vor wenigen Jahrzehnten für die Betroffenen tödlich verliefen, können heute geheilt oder zumindest in ihren Konsequenzen deutlich gemildert werden. Dies ist vor allen Dingen dem Fortschritt in der Arzneimitteltherapie zu verdanken. So kommen jedes Jahr weltweit Hunderte neuer Medikamente auf den Markt. Viele sind

Nachahmerpräparate, einige wenige echte Innovationen, die wirkliche therapeutische Fortschritte bringen.

Leider passiert es immer wieder, dass neue Medikamente Nebenwirkungen haben, die bei der Entwicklung und Markteinführung nicht erkannt wurden und die zu großen Schäden führen können. Genannt seien aus jüngster Zeit die Verunreinigung von Blutkonserven mit HIV-Erregern, Schäden aus der Verwendung eines Cholesterinsenkers (Lipobay®) oder durch das Rheumamedikament Vioxx®. Unter bestimmten

Die Haftung nach dem Arzneimittelgesetz beruht auf folgenden Regeln:

Haftbar ist zunächst nur die Firma, die das Arzneimittel in Deutschland in den Verkehr gebracht hat. Das muss nicht unbedingt die Herstellerfirma sein. Wenn Firmen Präparate in Lizenz produzieren und in einen nationalen Markt bringen, ist die lizenznehmende Firma der Anspruchsgegner.

Gegenüber den allgemeinen Haftungsregeln gibt es Beweiserleichterungen für den durch ein Medikament Geschädigten. Er muss nicht beweisen, dass genau dieses Medikament den Schaden erzeugt hat. Wenn das Medikament grundsätzlich solche Schäden hervorrufen kann, wird unterstellt, dass es im konkreten Fall dafür verantwortlich war. Diesen Zusammenhang muss das Unternehmen widerlegen.

Der Geschädigte hat außerdem einen Anspruch, dass die Firma und auch Behörden ihm Auskunft erteilen müssen.

Sofern Ungeborene durch ein Medikament geschädigt werden, können die daraus entstehenden Schäden geltend gemacht werden. Das war insbesondere nach den Contergan-Fällen eine wichtige Funktion des AMG.

Die Haftung nach dem AMG gilt nur für Medikamente, also Präparate, die zulassungspflichtig sind. Darunter fallen beispielsweise nicht homöopathische Präparate, Bachblütenessenzen und Ähnliches. Sofern durch solche Mittel ein Schaden verursacht wird, gelten für die Haftung die allgemeinen Regeln des Bürgerlichen Gesetzbuchs. Diese erfordern ein schuldhaftes Fehlverhalten des Unternehmers, was der Geschädigte beweisen muss.

Voraussetzungen muss der Hersteller haften: In Deutschland richtet sich die Haftung für Schäden aus Arzneimittelgebrauch zum einen nach den allgemeinen Haftungsregeln des BGB, zum anderen nach speziellen Regelungen, die für solche Fälle im Arzneimittelgesetz (AMG) geschaffen wurden. Denn der erste große Arzneimittelskandal der Bundesrepublik, der »Contergan-Skandal« in den Jahren 1960/61, wies zahlreiche Schwächen in der allgemeinen Haftung auf, sodass die Betroffenen nicht ausreichend entschädigt wurden.

Die Verfolgung eines Arzneimittelschadens ist für Betroffene ohne die Hilfe eines Anwalts kaum möglich. Über die Medienberichterstattung wird sich in relativ kurzer Zeit eine große Anzahl Geschädigter zusammenfinden, daher wird ein Verfahren für die beschuldigte Firma schnell sehr teuer. Sie wird deshalb zunächst bemüht sein, sich in gerichtlichen Auseinandersetzungen einer Haftung zu entziehen, und – sollte sich abzeichnen, dass dies nicht möglich ist – außergerichtliche Vergleiche suchen. Die Einschaltung eines erfahrenen Anwalts für solche Verhandlungen ist deshalb unerlässlich. Nach amerikanischem Muster gibt es auch in Deutschland zunehmend Anwaltskanzleien, die sich auf solche Großverfahren spezialisiert haben. Zum Teil beauftragen amerikanische Anwaltskanzleien deutsche Kollegen damit, Mandanten und Kläger »zu sammeln«, um große Prozesse gegen die Pharmafirmen zu führen.

Medizinprodukte

Medizinprodukte sind im Unterschied zu Medikamenten – vereinfacht ausgedrückt – Stoffe, die nicht chemisch, sondern physikalisch (also direkt) auf den Körper einwirken. Je nach Intensität der Einwirkung und des mit der Anwendung verbundenen Risikos werden sie in vier Klassen eingeteilt. Diese reichen von harmlosen, kurzfristigen Anwendungen, wie etwa Verbandsstoffen, ärztlichen Instrumenten oder auch

Kondomen bis zu komplizierten Apparaten, die teilweise lebenslang im Körper des Patienten verbleiben, wie etwa Herzklappen oder künstlichen Hüften.

Leider sind die Anforderungen an die Zulassung und Überprüfung in der EU und in Deutschland deutlich geringer als bei Medikamenten.

Klinische Studien zur Wirksamkeit müssen nicht vorgelegt werden und Überprüfungen eingeführter Produkte finden nicht statt. Das führt zu einer großen Anzahl zugelassener Produkte. Besonders groß ist die Anzahl bei den sogenannten Schönheitsoperationen. So sind etwa 160 Produkte zur Faltenunterspritzung auf dem deutschen Markt, während in den USA mit wesentlich strengeren Anforderungen an die Zulassung nur zehn angeboten werden dürfen. In Deutschland gibt es weder ein zentrales Melderegister für verwendete Produkte noch eine Meldepflicht bei Schäden.

Deshalb hat es in den letzten Jahren immer wieder Skandale gegeben: Es wurden fehlerhafte Herzklappen, Roboter für Hüftgelenksimplantationen, Brustimplantate und künstliche Hüftgelenke verwendet und es dauerte teilweise Jahre, bis aus Einzelfällen systematische Fehler abgeleitet werden konnten. Dementsprechend schwer ist es für Betroffene zu ihrem Recht zu kommen. Die Ärzte schieben die Zuständigkeit auf die Hersteller und diese die Verantwortlichkeit wiederum auf die Ärzte.

Wer den Verdacht auf einen Schaden durch ein fehlerhaftes Produkt hat, sollte sich von dem behandelnden Arzt nicht mit dem Verweis auf »individuelles Schicksal« abspeisen lassen, sondern mit seiner Krankenkasse und Patientenorganisationen Kontakt aufnehmen, damit systematische Fehler schnell erkannt werden können. Die Durchsetzung der Ansprüche ist oft schwierig und nur mit Unterstützung erfahrener Anwälte möglich. Da die betroffenen Firmen anders als Pharmafirmen

oft kleinere Firmen sind, gehen sie bei größeren Schadens-
summen schnell in Konkurs und man muss dann versuchen
andere Beteiligte in Anspruch zu nehmen.

Schönheitsoperationen

Schönheitsoperationen werden grundsätzlich von Ärzten
durchgeführt. Insofern gelten alle Patientenrechte, wie sie
vor allem in Kapitel 2 (→ Seite 13 ff.) dargestellt sind. Dennoch gibt es einige Besonderheiten, da die Angebote weder
Bestandteil der gesetzlichen noch der privaten Krankenversicherungen sind.

Immer mehr Menschen machen auch in Deutschland von den
Möglichkeiten der Medizin Gebrauch, sich ihren Körper nach

! Urteil

Nach einer Fettabsaugung an Bauch, Hüften und Beinen behielt
eine Frau großflächige Eindellungen sowie herabhängende
Hautpartien zurück und musste weitere Operationen erdulden,
um die Entstellungen beseitigen zu lassen. Der Arzt hatte nur
allgemein auf das Operationsrisiko hingewiesen. Dies ist bei
medizinisch nicht gebotenen Eingriffen zu wenig, dem Patienten
müssen alle denkbaren Konsequenzen aufgezeigt werden (OLG
Düsseldorf, Urteil vom 20.3.2003, Az. 8 U 18/02). Der Arzt haftet selbstverständlich auch, wenn er Operationsmethoden verwendet, für die er nicht ausgebildet ist und die er deshalb nicht
beherrscht. Oder wenn er Methoden anwendet, die nicht mehr
Stand der Wissenschaft sind, beispielsweise Brustimplantate
einsetzt, deren Material in der Fachöffentlichkeit als ungünstig
bekannt ist. Selbstverständlich müssen bei den Eingriffen die
erforderlichen Hygienestandards eingehalten werden.

Wunsch gestalten zu lassen. Fast eine halbe Million Menschen lässt sich pro Jahr Fett absaugen, Brüste vergrößern,
Oberschenkel oder die Brust straffen, Nasen und Ohren korrigieren, rückt mit dem Zellgift Botox den Falten zu Leibe und

anderes mehr. Medizinisch notwendig sind all diese Eingriffe nicht (anders als Operationen der klassischen Chirurgie, etwa zur Wiederherstellung nach einem Unfall, nach Brandverletzungen oder nach einer Krebstherapie).

Auch wenn der Arzt gegen die wirtschaftlichen Aufklärungspflichten verstößt, haftet er. Er darf zum Beispiel nicht den Eindruck erwecken, die Krankenkasse komme für bestimmte Leistungen auf, wenn dies üblicherweise nicht der Fall ist.

In der Regel verwenden Ärzte, die Schönheitsoperationen anbieten, Verträge, in denen Leistungen und Ansprüche sowie Bezahlung geregelt sind. Es ist nicht erlaubt, in einem solchen Vertrag die Haftung auszuschließen. Anders sieht es aus, wenn ein Patient nach einer misslungenen Schönheitsoperation wegen einer Entschädigungszahlung oder einer angebotenen operativen Korrektur auf Ansprüche verzichtet.

Die Risiken von Schönheitsoperationen werden häufig unterschätzt. Es geht nicht nur darum, dass der angestrebte Erfolg nicht eintritt, sondern selbstverständlich kann es wie bei jedem anderen medizinischen Eingriff Komplikationen geben: Beeinträchtigungen durch die Narkose, Durchtrennung von Nerven oder Verletzung von Blutgefäßen. Oder es treten Infektionen durch Hygienemängel auf. Hinzu kommt, dass die Qualifikation der behandelnden Ärzte gelegentlich zu wünschen übrig lässt. Der Begriff »Schönheitschirurg« ist – anders als die üblichen ärztlichen Facharztbezeichnungen (Internist, Neurologe, Chirurg, Hautarzt oder Augenarzt) – nicht geschützt. Die entsprechende Facharztbezeichnung lautet: Facharzt für Plastische und Ästhetische Chirurgie. Grundsätzlich dürfen aber auch andere Ärzte solche Leistungen anbieten, soweit ihre individuelle Kompetenz dies zulässt. Es gibt keine behördlichen Auflagen für die Anbieter solcher Dienstleistungen, überprüft wird die Qualifikation sozusagen erst nach einem Schadensfall vor Gericht. Man schätzt, dass es beispielsweise beim Fettabsaugen etwa bei

jedem fünftausendsten Eingriff zu einem Todesfall kommt.
Da rund 50.000 Eingriffe dieser Art pro Jahr in Deutschland
vorgenommen werden, sterben Jahr für Jahr etwa zehn Menschen an solchen unnötigen Operationen.

Auch wenn von ärztlicher Seite bzw. von den Behörden bislang wenig getan wird, Auswüchse der Branche zu bekämp-
fen, operieren die Ärzte nicht in einem rechtsfreien Raum.
Für sie gelten die gleichen Haftungsregeln wie bei anderen
Ärzten, teilweise in verschärfter Form: Denn weil es keine
medizinischen Gründe für den Eingriff in den Körper des
Patienten gibt, sind die Anforderungen an die Aufklärungspflicht des Arztes strenger als bei medizinisch begründeten

---

Check

Wer eine Schönheitsoperation nicht scheut, sollte

- Zum Beratungsgespräch immer einen Zeugen mitnehmen.
  Dort werden nämlich gern die möglichen Erfolge des Eingriffs in bunten Farben und mit Hochglanzfotos beschrieben, während die Risiken nur gestreift werden.
- Sich über die Qualifikationen des Arztes informieren und
  sich schriftlich zusichern lassen, dass dieser Arzt auch tatsächlich die Behandlung bzw. Operation übernehmen wird.
- Nicht im ersten Beratungsgespräch einen Vertrag unterschreiben. Ein seriöser Arzt wird Gelegenheit geben, den
  Vertrag durchzulesen bzw. andere Angebote einzuholen.
- Kopien der gemachten Aufzeichnungen und der vom Arzt
  gefertigten Fotos erbitten.
- Keine Vorauszahlungen leisten.
- Sich nach einem fehlgeschlagenen Eingriff nicht allzu
  lange auf vermeintlich noch auftretende Besserung ver-
  trösten lassen, sondern sich bei einem anderen Arzt beraten lassen. Wichtig: ein Protokoll der Ereignisse anfertigen; Adressen von Zeugen, zum Beispiel Zimmernachbarn,
  sichern; mit eigenen Fotos die Situation dokumentieren.
- Keine Verzichtserklärungen oder Ähnliches unterschreiben.
- Nach einer fehlgeschlagenen Maßnahme nicht ohne Anwalt zu Verhandlungen mit dem Arzt oder seiner Versicherung gehen.

Eingriffen. Der Arzt muss die Patienten über jedes mit dem Eingriff verbundene Risiko sowie zusätzlich das Risiko eines kosmetischen Misserfolgs und die Gefahr nachoperativer Entstellungen deutlich aufklären.

Behandlungsfehler

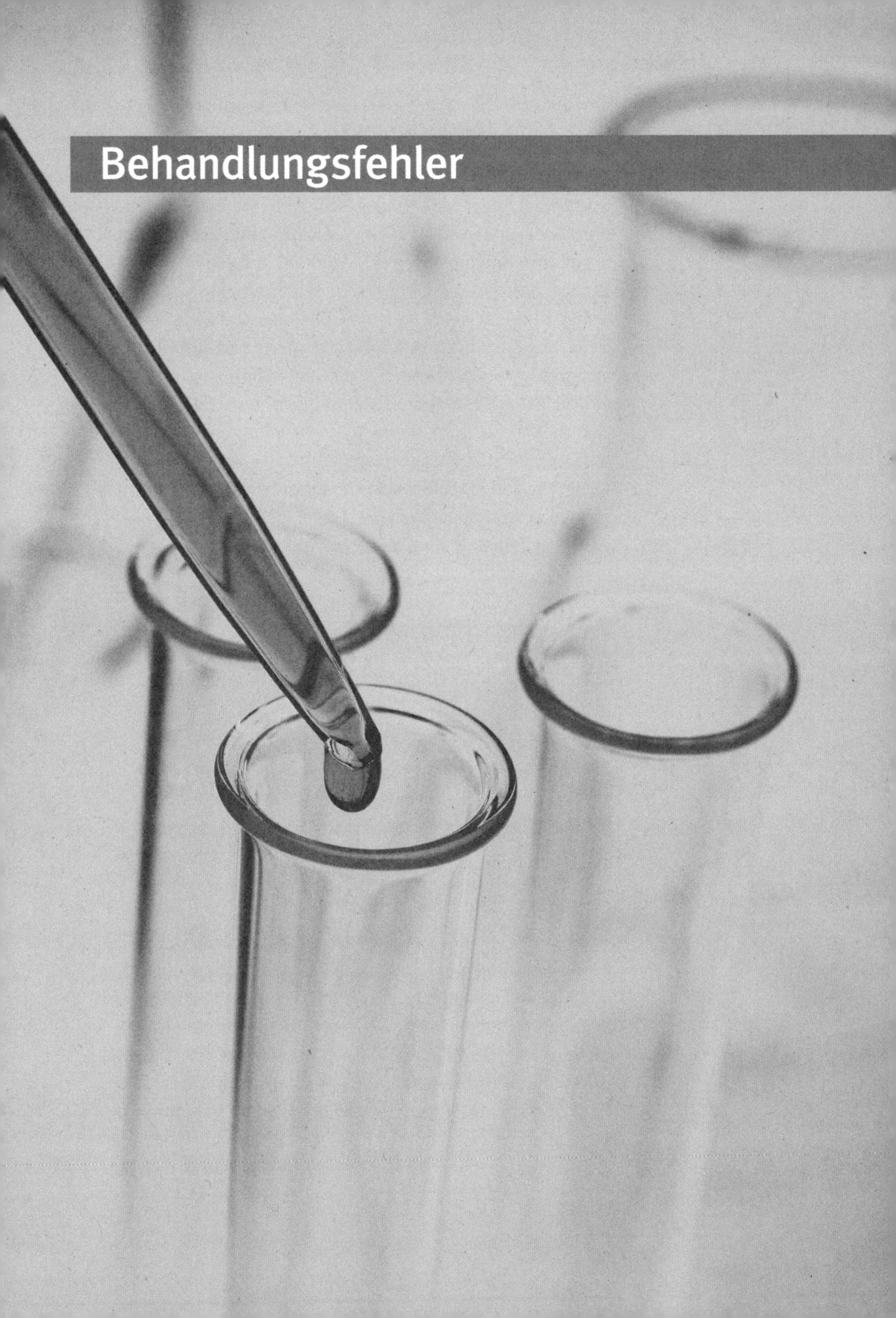

Behandlungsfehler tauchen gelegentlich als spektakuläre
Fälle in den Medien auf. Meist aber versuchen die Verantwortlichen, begangene Fehler nicht publik werden zu lassen.
Bislang bekennen sich nur ganz vereinzelt Kliniken und Arztpraxen zu »einer positiven Fehlerkultur« und sehen dies als
Chance, dass jeder Fehler auch Qualitätsverbesserungen
nach sich ziehen kann. In den allermeisten Krankenhäusern
ist es hingegen für die behandelnden Ärzte und das Pflegepersonal persönlich riskant, einen Fehler einzugestehen
und zu melden. Man kann sich des Eindrucks nicht erwehren,
dass niedergelassene Ärzte und Klinikchefs nach wie vor eine
Aura der Unfehlbarkeit aufrechterhalten wollen. Mit dem
neuen Patientenrechtegesetz werden zumindest Kliniken nun
verpflichtet ein Qualitätsmanagement einzuführen und über-
greifende Fehlermeldesysteme zu unterstützen.

Was zu beachten ist

Selbstverständlich werden im Gesundheitssektor, wie in
allen anderen Lebensbereichen, Fehler begangen. Wenn
auch nicht jeder dieser Fehler schwerwiegende oder sogar tödliche Folgen hat, so wirkt er sich doch zumeist auf
die Gesundheit eines Menschen aus. Offizielle Zahlen zu
Behandlungsfehlern existieren nicht. Das kann auch nicht
verwundern, da es keinerlei Berichtspflicht für Schadensfäl-
le gibt. Die »Gesellschaft für Qualitätsmanagement in der
Gesundheitsversorgung« – eine Organisation von Ärzten
– schätzt, dass jedes Jahr rund 17.000 Patienten durch Behandlungsfehler sterben. Bei den Versicherungen der Ärzte
und Krankenhausträger werden im Jahr etwa 20.000 Fälle zur
Regulierung angemeldet. Grob geschätzt zahlen Versicherungen circa 100 Millionen Euro an Schadenersatzleistungen
pro Jahr aus. Insgesamt ist zu beobachten, dass die Zahl der
Gerichtsverfahren wegen Behandlungsfehlern seit Jahren
kontinuierlich ansteigt. Dies kann zum einen daran liegen,
dass Patienten immer besser aufgeklärt sind und sich nicht

Damit Sie erfolgreich Ihren Anspruch durchsetzen können

Patienten haben nur dann Anspruch auf Schadenersatz oder Schmerzensgeld, wenn die im Folgenden aufgelisteten Kriterien erfüllt sind. Wenn auch nur eine einzige Bedingung nicht erfüllt ist, können sie selbst bei einem klaren Arztfehler nicht auf Schadenersatz hoffen.

■ Der Anspruchsgegner muss gegen Pflichten, die sich aus dem Behandlungsvertrag oder aus gesetzlichen Vorschriften ergeben, verstoßen (→ Seite 154 ff.) und damit einen Behandlungsfehler begangen haben.
■ Dieser Behandlungsfehler muss dem Handelnden zudem vorwerfbar sein (→ Seite 161 ff.).
■ Der Anspruchsteller muss einen Schaden erlitten haben (→ Seite 162 ff.).
■ Es muss ein ursächlicher Zusammenhang zwischen Behandlungsfehler und Schaden bestehen (→ Seite 164 f.).
■ Keine Vorauszahlungen leisten.
■ Alle Behauptungen zu den vorangegangenen Punkten müssen bewiesen werden (→ Seite 166 f.).
■ Der Anspruch darf nicht verjährt sein (→ Seite 168 ff.).

---

mehr so einfach mit vermeintlich schicksalhaften Schäden abfinden. Zum anderen haben Anwälte diesen Markt erkannt: Immer mehr Rechtsanwälte spezialisieren sich auf das Haftungsrecht von Ärzten, es gibt sogar einen Fachanwalt für Medizinrecht (→ Seite 175).

Dennoch ist es für die betroffenen Patienten immer noch sehr schwer, ihre Rechte durchzusetzen. Nach wie vor verzichten viele auf den langen und schwierigen Rechtsweg, um nicht über Jahre hinaus immer wieder an die belastende Erfahrung erinnert zu werden. Wer dagegen seine Ansprüche geltend macht, kann bei Erfolg wenigstens materiell für erlittene Schmerzen und Beeinträchtigungen entschädigt werden. Zu solch einem Verfahren sollte aber unbedingt rechtzeitig eine Patientenschutzorganisation oder ein spezialisierter Anwalt hinzugezogen werden.

Patiententagebuch

Wenn Ihnen irgendetwas an der Behandlung seltsam vorkommt, notieren Sie sich Ihre Fragen und die Antworten von Ärzten und Pflegepersonal mit Datum in einem Patiententagebuch. Auch die Anschriften von Bettnachbarn, die etwas bezeugen können, sollten Sie aufschreiben. Fragen sie auch eindeutig vor Zeugen nach, ob ein Fehler passiert ist. Ärzte sind nach dem neuen Patientenrechtegesetz dazu verpflichtet, auf Nachfrage Fehler zuzugeben (§ 630 Abs. 2 c BGB).

Pflichtverletzungen/Behandlungsfehler

Das neue Patientenrechtegesetz definiert einen Fehler als
»verwirklichtes allgemeines Behandlungsrisiko, das für den
Behandelnden voll beherrschbar war und zu einer Rechte-
verletzung geführt hat« (§ 630h Abs. 1 BGB). Was heißt das
konkret?

Ein Behandlungsfehler kann einem Arzt oder einem anderen
an der Behandlung Beteiligten in den unterschiedlichsten
Arbeitsfeldern und -schritten unterlaufen, indem er den medizinischen Standard außer Acht lässt. Vielleicht wurde der
Patient nicht ausreichend aufgeklärt, ein Röntgenapparat
nicht gewartet oder die Zusammenarbeit mit anderen Kollegen klappte nicht reibungslos. Zur besseren Orientierung
lassen sich die Pflichtverletzungen in verschiedene Gruppen
zusammenfassen.

Aufklärungsfehler

Die Aufklärungspflicht des Arztes korrespondiert mit der Einwilligung des Patienten. Wurde der Patient nicht ausreichend
oder gar nicht über die Behandlung aufgeklärt, kann er nicht
wirksam einwilligen. Damit wird der Eingriff grundsätzlich
rechtswidrig und fehlerhaft. Das gilt auch, wenn die Maßnahme als solche fachlich korrekt durchgeführt wurde. Je weniger medizinisch erforderlich ein Eingriff ist, desto intensiver
muss der Arzt über Risiken aufklären. Also zum Beispiel besonders gründlich und auch über sehr unwahr-
scheinliche Risiken bei kosmetischen Operationen, aber auch bei einem Kaiserschnitt auf
Wunsch.

> **! Urteil**
>
> Ein Praxisvertreter hatte eine Hoden-
> torsion für eine Nebenhodenentzün-
> dung gehalten und dadurch falsch be-
> handelt. Er hätte jedoch selbst bei nur
> geringer ärztlicher Erfahrung einen
> Urologen hinzuziehen müssen, weil
> eine Hodentorsion nicht auszuschlie-
> ßen war (OLG Celle, Az. 1 U 24/85).

Selbstüberschätzung des Behandlers

Jeder Behandler darf nur die Aufgabe übernehmen, zu deren Bewältigung er sich auch
imstande sieht. Das gilt nicht nur für den
Anfänger, sondern auch für einen erfahrenen

! Urteile

- Eine Ärztin hatte einer Patientin zur Behandlung von Menstruationsbeschwerden die Pille verschrieben. Die Patientin war starke Raucherin und erlitt nach zwei Monaten einen Schlaganfall. In der Packungsbeilage war ausdrücklich auf die Risiken für Raucherinnen hingewiesen worden. Dennoch verlangte der BGH auch von der Ärztin eine besondere Risikoaufklärung, insbesondere weil ihr bekannt war, dass die Patientin stark rauchte. Da diese nicht erfolgt war, hatte die Patientin nicht wirksam in die Behandlung eingewilligt. Die Ärztin musste für die Folgen haften (BGH, Urteil vom 15.3.2005, Az. VI ZR 289/03).

- Ein Arzt und Chiropraktiker hatte eine Patientin an der Halswirbelsäule „eingerenkt". Dabei war es zu massiven Durchblutungsstörungen mit schlaganfallähnlichen Symptomen gekommen. Der Arzt wurde zu Schmerzensgeld und Schadenersatz verurteilt, weil er auf dieses Risiko nicht hingewiesen hatte (OLG Oldenburg, Urteil vom 25.6.2008, Az. 5 U 10/08).

- Ein Arzt wendete ein neues, noch nicht zugelassenes Medikament an, das zu unerwarteten schweren Nebenwirkungen führte. Grundsätzlich darf auch ein solches Medikament angewendet werden. Der Arzt muss aber den Patienten über die fehlende Zulassung aufklären (BGH, Urteil vom 27.3.2007, Az. VI ZR 55/05).

Arzt. Neben einer fachlichen Überforderung können auch persönliche Umstände – wie beispielsweise Übermüdung – dazu führen, dass der Arzt die Behandlung an jemand anderen übergeben muss.

Ärzte, die sich noch in der Ausbildung befinden, müssen besonders selbstkritisch sein und ihre Fähigkeiten im Zweifel eher zurückhaltend einschätzen. Ein Krankenhaus ist jedoch auch verpflichtet, gerade die Ärzte in der Ausbildung besonders anzuleiten und zu überwachen. Dem Patienten muss jedoch nicht mitgeteilt werden, dass ein Arzt in Ausbildung den Eingriff durchführt. Dies wird mit der zuvor genannten Pflicht zur Beaufsichtigung begründet. Für Patienten bedeutet dies:

Sie sollten von sich aus fragen, wie viel Erfahrung der Arzt mit der Behandlung ihrer Krankheit oder dem geplanten Eingriff hat. Wenn der Arzt nur über geringe Erfahrungen verfügt, kann der Patient bei einem niedergelassenen Arzt überlegen, ob er noch eine zweite Meinung einholt (→ Seite 67) oder den Arzt wechseln möchte. Bei Eingriffen im Krankenhaus sollten Patienten sich für den Fall, dass der behandelnde Arzt noch ein Anfänger ist, nach den Sicherungsmaßnahmen erkundigen. Speziell im Krankenhaus steht dem Patienten nämlich nicht das Recht zu, von einem bestimmten Arzt operiert zu werden. Nur wenn die Behandlung durch einen bestimmten Arzt zugesagt war oder durch Vertrag gegeben ist (Chefarztbehandlung), verhält es sich anders.

Fehler in der Diagnose

Die Medizin ist keine exakte Wissenschaft. Bei den komplizierten Vorgängen im Körper eines Menschen deuten bestimmte äußerliche Anzeichen oder Laborwerte nicht zwingend auf eine bestimmte Erkrankung hin. Oder bei einer Krankheit ist nicht in jedem Fall eine bestimmte Therapie erforderlich oder erfolgreich. Ärzte können deshalb bei der Beurteilung eines Patienten leicht zu einer falschen Einschätzung kommen, ohne dass dies immer als Behandlungsfehler zu werten ist. Einen Fehler stellt es jedoch dar, wenn der Arzt die nach dem medizinischen Standard erforderlichen Kontrolluntersuchungen (Laborwerte, bildgebende Verfahren) nicht durchführt oder Symptomen nicht weiter nachgeht. Selbst wenn sich eine bestimmte Diagnose aufdrängt, ist der Arzt

---

! Urteile

- Der Patient kommt wegen Schmerzen im Bereich des Nackens. Der Arzt diagnostiziert ein HWS-Syndrom (Schleudertrauma) und übersieht einen Zeckenbiss als mögliche Ursache der Nackensteifigkeit (BGH, Urteil vom 14.6.1994, Az. VI ZR 236/93).

- Keine Abklärung auf Vorliegen eines Herzinfarkts bei Schmerzen im Bereich von Nacken, Schultern und Armen (BGH, Urteil vom 26.10.1993, Az. VI ZR 155/92).

- Keine Abklärung auf Kehlkopfkrebs, nachdem eine Heiserkeit über mehrere Monate hinweg erfolglos therapiert wurde (OLG München, Urteil vom 14.7.1994, Az. 24 U 571/92).

- Keine Untersuchung auf innere Blutungen nach einer Magenoperation, trotz starken Abfalls des Hämoglobinwerts (OLG Koblenz, Urteil vom 17.10.1986, Az. 10 U 784/84).

- Vorschnelle Diagnose einer Mandelentzündung ohne weitere Untersuchung der Symptome auf Meningitis (OLG Stuttgart, Urteil vom 21.1.1993, Az. 14 U 34/91).

- Keine CTG-Aufzeichnung (Herztöne des Kindes) während der Geburt (OLG Oldenburg, Urteil vom 15.5.1990, Az. 5 U 114/89).

verpflichtet zu klären, ob nicht doch eine andere, vielleicht auch seltener vorkommende, Ursache infrage kommen kann. Auch einem bei einer Untersuchung zufällig gefundenen Hinweis auf eine andere Erkrankung muss nachgegangen werden (BGH, Urteil vom 21.12.2010, Az. VI ZR 284/09).

Patienten haben nur wenig Möglichkeiten, solche Diagnosefehler zu verhindern. Wichtig ist, dass sie alle Symptome möglichst genau schildern und wachsam sind, wenn der Arzt eine Diagnose allzu schnell stellt und nicht alle Symptome damit erklärt werden können. Auch wenn nach einer längeren Behandlungsdauer keine Erfolge eintreten, muss nicht in jedem Fall eine andere Therapie für die gestellte Diagnose gesucht werden, sondern es kann womöglich auch bedeuten, dass die Diagnose falsch ist. Diese Möglichkeit sollte ein Patient offen mit seinem Arzt besprechen. Gegebenenfalls sollte er rechtzeitig eine zweite Meinung einholen.

Therapiefehler

Bei der Auswahl der Therapie kann ein Arzt grundsätzlich frei entscheiden, soweit es sich um verschiedene Möglichkeiten handelt, die alle medizinisch erprobt und für den Patienten nach Art und Schwere des Eingriffs und den möglichen Risiken vergleichbar sind. Der Arzt muss eine Methode wählen, die dem aktuellen Stand der Medizin entspricht. Das bedeutet jedoch nicht, dass der Patient einen Anspruch darauf hat, immer nach den modernsten Therapieverfahren behandelt zu werden, bzw. darauf, dass jeweils nur die neuesten Diagnosegeräte zum Einsatz kommen. Sofern es bewährte Verfahren gibt, können Ärzte diese auch dann anwenden, wenn es bereits neuere Methoden gibt, die sich aber noch nicht vollkommen durchgesetzt haben. Der Arzt ist nicht einmal verpflichtet, darüber aufzuklären, dass es neuere Behandlungs- oder Diagnosemöglichkeiten gibt, über die das Krankenhaus jedoch nicht verfügt. Für Patienten bedeutet dies, dass sie sich vor schwerwiegenden Eingriffen möglichst bei verschiedenen Quellen nach den Verfahren erkundigen sollten.

Bevor der Arzt ein Therapieverfahren anwendet, das den Patienten stark belastet oder mit hohen Risiken verbunden ist, muss er zunächst die weniger einschneidenden Alternativen ausschöpfen. Der Patient hat Anspruch auf eine Behandlung, die das Ziel der Therapie mit den geringsten Risiken erreicht.

So wie der Arzt einerseits keine unverhältnismäßige Therapie wählen darf, die über das notwendige Maß der Behandlung hinausgeht, muss er andererseits bei Unsicherheiten über die Therapie diejenige wählen, die dem Patienten die größte Heilungschance bietet. Gegebenenfalls muss er mit weiteren Diagnoseinstrumenten den Befund abklären (OLG Köln, Urteil vom 13.2.2002, Az. 5 U 95/01).

! Urteile

- Eine Frau wurde nach Rückenbeschwerden und einem kleinen Bandscheibenvorfall operiert, ohne dass vorher alle nichtoperativen Behandlungsmethoden ausgeschöpft worden waren. Danach litt die Frau an einer Querschnittlähmung. Das Gericht verurteilte den Arzt zu 220.000 Euro Schmerzensgeld sowie zum Ersatz aller bisher entstandenen und aller zukünftigen Schäden (OLG Hamm, Urteil vom 7.7.2004, Az. 3 U 264/03).

- Aufgrund verdächtiger Laborwerte empfahl ein Urologe, die Prostata des Patienten zu entfernen. Die anschließenden Gewebeuntersuchungen ergaben jedoch keinen Krebsbefall. Die Operation führte beim Patienten zu Harninkontinenz und Impotenz. Da die veränderten Blutwerte des Patienten nicht nur auf Krebs, sondern auch auf eine Entzündung hindeuten konnten, war die gewählte Therapie unter Berücksichtigung der mit ihr verbundenen Risiken zu invasiv. Der Arzt wurde zu 100.000 DM Schmerzensgeld verurteilt (OLG Celle, Urteil vom 9.7.2001, Az. 1 U 64/00).

Selbstverständlich dürfen Ärzte und andere Behandelnde keine Therapien durchführen oder Eingriffe vornehmen, die medizinisch nicht notwendig sind. Jedenfalls dann nicht, wenn der Patient in dem Glauben an eben diese medizinische Notwendigkeit in die Operation einwilligt.

Fehler im Umfeld der Behandlung
Ärzte und andere Behandler sind nicht nur bei der Diagnose und Therapie der Erkrankung zur Sorgfalt verpflichtet, sondern auch im Umfeld der Behandlung. Das bekannteste und häufigste Risiko solcher Art sind Infektionen. Durch Verstoß gegen Hygienevorschriften kommt es in Deutschland jährlich zu zahlreichen Todesfällen. Dabei stellt nicht jede Infektion einen Behandlungsfehler dar: Insbesondere bei stark abwehrgeschwächten Patienten kann sie auch bei Einhalten der erforderlichen

Sorgfalt nicht immer vermieden werden. Umso wichtiger ist es, dass alle Beteiligten die einschlägigen Hygienevorschriften penibel befolgen.

Patienten können die zahlreichen Hygienevorschriften nicht kennen. Lediglich wenn sie den Eindruck haben, dass selbst Regeln elementarer Hygiene (wie das Händewaschen zwischen Patientenkontakten) nicht eingehalten werden, ist dies ein Anhaltspunkt, um misstrauisch zu werden. Sofern nach einem Eingriff beim niedergelassenen Arzt oder im Krankenhaus eine Infektion eintritt, kann es insbesondere bei schwerwiegenden Folgen für Patienten ratsam sein, dem Verdacht eines Behandlungsfehlers nachzugehen.

! Urteil

Nach den Leitlinien der Deutschen Gesellschaft für Orthopädie und Traumatologie müssen bei einer Kniepunktion Handschuhe getragen werden, insbesondere wenn – wie im vorliegenden Fall – bei liegender Kanüle ein Spritzenwechsel erfolgt. Ein Verstoß gegen diese Hygienebestimmung ist als grobes Versäumnis zu werten (OLG Düsseldorf, Urteil vom 15.6.2000, Az. 8 U 99/99).

Organisationsfehler

In einer Klinik werden während der Behandlung eines Patienten, je nach Art der Erkrankung, verschiedene Abteilungen eingeschaltet, um die Diagnose zu stellen und die Therapie durchzuführen. Auch auf einer Station kommen mehrere Ärzte, das Pflegepersonal und unter Umständen noch weitere Mitarbeiter wie Sozialarbeiter oder Ergotherapeuten zum Einsatz. Zudem besteht in einem Krankenhaus ein stark hierarchisches Arbeitsverhältnis: Vorgesetzte bis hinauf zum Chefarzt können jederzeit in die Arbeit ihrer Mitarbeiter eingreifen. In einem solch komplexen System kann es schnell zu Fehlern kommen. Anordnungen widersprechen einander, einer verlässt sich auf das Handeln des anderen oder Befunde werden

! Urteil

Bei einer Augenoperation benutzte der Augenarzt zum Stillen von Blutungen ein Gerät, das verletzte Gefäße durch Erhitzung schließt. Der für die Narkose verantwortliche Anästhesist verwendete ein Narkoseverfahren, in dem Sauerstoff in hoher Konzentration zugeführt wird. Jedes dieser Verfahren ist für sich therapeutisch korrekt. Durch das Zusammentreffen des Sauerstoffs mit der hohen Temperatur entsteht jedoch eine Reaktion, die zu starken Verbrennungen bei der Patientin führte. In diesem Fall wurde der Anästhesist verurteilt, weil er nicht nur für die Korrektheit seiner Methode verantwortlich war, sondern auch das mögliche Zusammenwirken hätte abklären müssen (BGH, Urteil vom 26.1.1999, Az. VI ZR 376/97).

nicht weitergegeben. Solche Organisationsmängel führen häufig zu ärgerlichen Wartezeiten für Patienten, etwa wenn die behandelnde Station mit der Röntgenabteilung keine verbindliche Terminabsprache getroffen hat. Problematischer wird ein solcher Organisationsmangel schon, wenn sich die ambulante Weiterbehandlung verzögert, weil die Informationen des Krankenhausarztes nicht rechtzeitig zum Entlassungstermin dem ambulant behandelnden Arzt vorliegen.

Werbung und Wirklichkeit

Wie weit eine medizinische Einrichtung verpflichtet ist, den Betrieb zu organisieren, zeigt ein Urteil des BGH am Beispiel der Haftung eines Geburtshauses auf (BGH, Urteil vom 7.12.2004, Az. VI ZR 212/03). Ein Geburtshaus hatte in seinem Werbeprospekt Schwangeren die Möglichkeit einer selbstbestimmten Geburt dargestellt, ausdrücklich aber darauf hingewiesen, dass bei auftretenden Problemen jederzeit Gynäkologen, Anästhesisten und Kinderärzte hinzugezogen werden könnten. Als dort bei einer Schwangeren Probleme auftraten, wurde der sie bereits behandelnde Gynäkologe hinzugezogen. Dieser sah zunächst keinen Anlass für ein besonderes Vorgehen, erst nach mehreren Stunden handelte er. Das Kind wurde schwerstbehindert geboren.

Selbstverständlich wurde zuerst versucht, den Arzt in Haftung zu nehmen. Dieser hatte jedoch keine Berufshaftpflichtversicherung für Geburten und mit seinem Privatvermögen ging er in Insolvenz. Daraufhin wurde das Geburtshaus verklagt. Die vorinstanzlichen Gerichte hatten zunächst eine Haftung abgelehnt: Den Hebammen obliege nur die Betreuung einer komplikationslosen Geburt. Nachdem ein Arzt hinzugezogen wurde, trete ihre Haftung hinter die des Arztes zurück. Der Bundesgerichtshof nahm jedoch nicht die handelnde Hebamme, sondern das Geburtshaus selbst in Haftung. Ähnlich wie bei der Aufnahme in einem Krankenhaus hafte das Geburtshaus für die umfassende medizinische Betreuung durch das von ihm zur Verfügung gestellte Personal. Es komme nicht darauf an, ob der Arzt tatsächlich dort angestellt war. Der Bundesgerichtshof stellte im Wesentlichen auf den Prospekt der Einrichtung ab, mit den dort gewählten Formulierungen sei gegenüber der Patientin der Eindruck geweckt worden, das Geburtshaus garantiere eine umfassende medizinische Betreuung.

Schließlich können solche Organisationsmängel zu ernsthaften Schäden bei Patienten führen. Je nach Verantwortungsbereich sind sowohl die behandelnden Ärzte als auch der Krankenhausträger für Schäden aus Organisationsmängeln haftbar. Zu den Organisationspflichten gehört es auch, den Nachtdienst so zu besetzen, dass eine ausreichende Versorgung möglich ist.

Das Verschulden

Nicht jeder Fehler lässt sich einem Arzt auch vorwerfen. Eine Haftung entsteht nur, wenn ihn persönlich die Verantwortung dafür trifft. Das ist grundsätzlich der Fall, wenn ein Arzt einen Patienten absichtlich falsch behandelt. So etwas wird nur sehr selten passieren. Das Gericht muss aber auch prüfen, ob der Arzt ein fehlerhaftes Handeln hätte erkennen können, wenn er sich genug Mühe gegeben hätte. Der Schuldvorwurf besteht dann darin, dass der Arzt einen Fehler begangen hat, den er bei pflichtgemäßem Handeln erkannt und vermieden hätte. Ein junger Assistenzarzt, der bei einer Operation bestimmte Risiken nicht sieht und deshalb falsche Entscheidungen trifft, kann daher nur persönlich zur Verantwortung gezogen werden, wenn er zumindest sein Unvermögen hätte erkennen müssen. In der Regel haftet in diesen Fällen nicht der direkt handelnde Assistenzarzt, sondern seine Vorgesetzten. Diese haben sich falsch verhalten, weil sie einen ungeübten Arzt für den Eingriff eingeteilt haben, ohne ihn dabei zu überwachen.

Welche Maßnahme im Einzelfall pflichtgemäß gewesen wäre, ist häufig umstritten und kann nur durch Sachverständige beurteilt werden. Als Maßstab angelegt wird die Sorgfalt, die nach dem Stand der Wissenschaft von einem durchschnittlichen Arzt erwartet werden kann. Das bedeutet auch, dass nicht in jedem Kreiskrankenhaus die Standards einer Universitätsklinik erfüllt werden müssen. Die behandelnden Ärzte sind allerdings verpflichtet, einen Patienten an eine andere Klinik zu überweisen, sobald sie erkennen können, dass ihre Möglichkeiten nicht ausreichen werden. So muss nicht jeder Patient mit den neuesten Verfahren computergestützter Diagnostik untersucht werden. Sollte sich aber aus den vorhandenen Daten ergeben, dass eine Abklärung mit besseren Geräten sinnvoll wäre, muss eine Überweisung vorgenommen werden.

In Notfällen kann man dem Arzt eine eigentlich unzureichende Behandlung nicht vorwerfen, wenn keine Alternativen zur Verfügung standen. Im Extremfall darf ein Arzt, etwa bei einem Unfall, einen Luftröhrenschnitt mit dem Taschenmesser durchführen, wenn er kein steriles Besteck bei sich hat oder rechtzeitig beschaffen kann. Für eine eintretende Infektion kann er dann nicht haftbar gemacht werden.

Der Schaden

Bei einer Klage wegen eines Behandlungsfehlers muss der Patient darlegen, dass ihm ein Schaden entstanden ist. Das kann ein gesundheitlicher Schaden sein oder auch ein Vermögensschaden, etwa weil er nicht mehr arbeitsfähig ist. Wenn ein Vermögensschaden bereits durch einen Dritten (zum Beispiel die gesetzliche Rentenversicherung oder Berufsunfähigkeitsversicherung) ersetzt wurde, ist der Patient nicht mehr geschädigt. Oder es ist denkbar, dass zum Beispiel die Krankenkasse für mögliche finanzielle Folgen eines Behandlungsfehlers aufgekommen ist. In diesem Fall kann der Patient nicht mehr klagen, seine Ansprüche gehen auf die Krankenkasse über.

Im schlimmsten Fall kommt der Geschädigte durch den Behandlungsfehler zu Tode. Dann können die Erben den Anspruch geltend machen. Wenn nahe Angehörige durch den Tod des Patienten selbst einen Schaden erlitten haben, können sie ebenfalls Schadenersatz beanspruchen. Hier kommen Versorgungsansprüche in Betracht, aber auch Entschädigungen für erlittene psychische Schmerzen, die durch den Tod des Patienten hervorgerufen wurden.

Der Schaden, den der Patient als Folge eines Behandlungsfehlers wahrnimmt, besteht zunächst einmal in körperlichen oder seelischen Beschwerden und/oder in finanziellen Verlusten. Die Folgen dieser Beschwerden sollen durch den Schadenersatz ausgeglichen werden.

- Der materielle Schaden ist ein genau zu beziffernder Betrag, den der Betroffene wegen der Schädigung aufwenden musste. Das können beispielsweise die Kosten einer Behandlung sein oder der Betrag, den der Geschädigte für eine Haushaltshilfe aufwenden musste. Ebenfalls in Betracht kommen Schäden, die durch Verdienstausfall entstanden sind.
- Der immaterielle Schaden ist nicht direkt in Geld auszudrücken. Die Angst, die der Patient ausstehen musste, seine womöglich geminderten Berufsaussichten, die Lebenseinschränkungen infolge der körperlichen Schädigung, all das kann nicht exakt berechnet werden. Für diese Schäden gibt es als Sammelbegriff das sogenannte Schmerzensgeld.

Der Ausgleich kann als Fixbetrag und (eventuell zusätzlich) als Rente ausgezahlt werden. Die Höhe dieser Zahlungen unterscheidet sich von Fall zu Fall. Ihre Berechnung hängt von verschiedenen Faktoren ab, denn es leuchtet ein, dass beispielsweise eine Nervenschädigung an einem Bein, die zu einer leichten Funktionsbeeinträchtigung führt, bei einem Fußballspieler anders bewertet werden muss als bei einem Sachbearbeiter. Muss der Fußballspieler seinen Beruf aufgeben, wird der Schadenersatz wesentlich höher ausfallen als bei einem Geschädigten, der weiterhin arbeiten kann.

Trotz dieser individuellen Betrachtung sind aus den zahlreichen Gerichtsurteilen Listen und Tabellen entstanden, an denen sich Anwälte und Richter in vergleichbaren Fällen orientieren. Die Höhe der Schmerzensgelder ist in Deutschland traditionell niedriger als in anderen Ländern. Besonders aus den USA kommen regelmäßig Nachrichten über Schmerzensgelder in zum Teil mehrstelliger Millionenhöhe. So positiv dies für den einzelnen Betroffenen ist, hat diese Praxis auch dazu geführt, dass die Versicherungsprämien für amerikanische Ärzte in horrende Höhen geklettert sind, was wiederum zur Folge hat, dass viele Ärzte bestimmte, riskante Operationen aus Angst vor den wirtschaftlichen Folgen eines Fehlers nicht mehr anbieten. In Deutschland hingegen waren die Ersatzansprüche oft erschreckend gering. 35.000 DM für eine dauerhafte Hüftgelenksversteifung mit einem verkürzten Bein und Verschleiß des Kniegelenks bei einer zwölfjährigen Patientin (OLG Stuttgart, Urteil vom 21.2.1991, Az. 14 U 54/89) oder 7.000 DM für den kompletten Verlust des Geruchsinns (OLG Köln, 17.2.1993, Az. 27 U 42/92) erscheinen gering im Vergleich zu der Einbuße an Lebensqualität, den die Betroffenen erlitten haben. In den letzten Jahren sprechen allerdings auch deutsche Gerichte den Geschädigten vereinzelt deutlich höhere Zahlungen zu. So hat das OLG Celle (Urteil vom 22.10.2007, Az. 1 U 24/06) einem nach einem Geburtsfehler dauerhaft schwerstgeschädigten Kind einen Schmerzensgeldanspruch von insgesamt 500.000 Euro zugebilligt. Vor zehn Jahren lagen die Entschädigungssummen bei entsprechenden Geburtsschäden um die Hälfte niedriger. Eine Übersichtstabelle mit Urteilen finden Sie ab Seite 188.

Ist der Behandlungsfehler Ursache für den Schaden?

Bei einer Klage vor einem Zivilgericht muss grundsätzlich jede Partei ihre vorgebrachten Behauptungen beweisen können und einen Zusammenhang herstellen zwischen dem behaupteten Fehlverhalten und den eingetretenen Folgen. Steht der Schaden – also beispielsweise eine körperliche Beeinträchtigung – wie auch das Fehlverhalten des Arztes fest, muss darüber hinaus noch geprüft werden, ob der Fehler direkt ursächlich für den eingetretenen Schaden war.

Ist die Geburt eines Kindes ein Schaden?

Es erscheint befremdlich, in der Geburt eines Menschen einen Schaden zu sehen. So haben die Gerichte bei solchen Prozessen zunächst Ansprüche daraus verneint. Mittlerweile ist jedoch in der juristischen Bewertung herausgearbeitet worden, dass zwar nicht die Geburt als solche oder das Leben des Neugeborenen ein Schaden sein kann, aber die Kosten, die dadurch entstehen, zum Beispiel Unterhaltsverpflichtungen und darüber hinaus Mehraufwendungen, die für behinderte Kinder geleistet werden müssen.

Bevor jemand zu Schadenersatz verurteilt wird, muss ihm ein Fehlverhalten nachgewiesen werden. Typische Fälle sind missglückte Sterilisationen, wenn also trotz eines Eingriffs ein Kind gezeugt oder empfangen wird. Denkbar ist aber auch eine fehlgeschlagene Abtreibung oder ein Fehler des Apothekers, der statt eines empfängnisverhütenden Mittels versehentlich ein anderes Präparat herausgibt.

Da das Leben als solches niemals ein Schaden ist, kann das Kind selbst keine Ansprüche stellen. Anspruchsberechtigt sind lediglich die Unterhaltsverpflichteten, in der Regel also die Eltern. Sollte das Kind jedoch eigene Verletzungen erlitten haben, beispielsweise bei einer fehlgeschlagenen Abtreibung, hat es einen eigenen Anspruch nach den übrigen Regeln der Arzthaftung. Die Eltern können den Unterhalt, bis zur Höhe des maximalen Regelunterhalts fordern – das ist der Unterhalt, wie er auch von Geschiedenen zu leisten ist. Dieser Betrag wird um Leistungen für Kinder von dritter Seite (zum Beispiel Kindergeld) gemindert. Ist das Kind behindert, kann der aufgrund der Behinderung entstehende höhere Bedarf zusätzlich geltend gemacht werden. Ein Schmerzensgeld für die Mutter kommt nur dann in Betracht, wenn während der Schwangerschaft oder der Geburt Belastungen aufgetreten sind, die über das übliche Maß der Beschwerden während Schwangerschaft und Geburt hinausgehen.

Es sind Fälle denkbar, in denen der Arzt sich zwar fehlerhaft verhalten hat und der Patient einen Schaden erlitten hat, das Verhalten des Arztes aber trotzdem nicht ursächlich war.

Wenn zum Beispiel ein Arzt versäumt, die erforderlichen Laboruntersuchungen durchzuführen, um einem Krebsverdacht bei einem Patienten nachzugehen, und der Patient wird nicht weiter behandelt, erkrankt und stirbt. Hier hat der Arzt falsch behandelt – aber wenn die Krebserkrankung derartig aggressiv verlaufen ist, dass bei pflichtgemäßem Handeln des Arztes die Diagnose zwar gestellt worden wäre, aber keine Therapiemöglichkeiten bestanden hätten, besteht kein ursächlicher Zusammenhang zwischen dem Fehler des Arztes und dem Tod des Patienten. Möglicherweise hätte der Patient bei rechtzeitiger Information zwar die ihm verbleibende Lebensspanne anders genutzt, die Gerichte lehnen jedoch in solchen Fällen die Haftung ab.

Ähnliches gilt, wenn zum Beispiel ein ungeübter Arzt eine Operation vornimmt, bei der Blutungen auftreten, die er nicht stillen kann. Kommen Gutachter zu dem Schluss, dass auch ein erfahrener Chirurg eine solche Blutung nicht beherrscht hätte, fehlt es wiederum an dem Zusammenhang zwischen Fehler (ein nicht geübter Arzt operiert) und Schaden, denn der wäre auch eingetreten, wenn der Fehler vermieden worden wäre.

Beweisprobleme

Streitigkeiten aus einer fehlgeschlagenen Behandlung, bei der die Kläger Anspruch auf Schadenersatz und Schmerzensgeld erheben, werden vor den Zivilgerichten ausgetragen. In einem Zivilverfahren muss der geschädigte Patient alle Behauptungen beweisen: den eingetretenen Schaden wie auch den Fehler, der ihn verursacht hat. Ein solcher Beweis kann durch Zeugen – etwa Angehörige, die bei Besuchen im Krankenhaus etwas beobachtet haben – geführt werden. In den meisten Fällen werden Gutachten benötigt werden, um die Behauptungen zu unterstützen. Hilfreich kann es aber auch sein, wenn Patienten alles, was mit der Behandlung zusammenhing, in einem »Patiententagebuch« aufgeschrieben haben: Namen von Pflegekräften und Ärzten, Medikamente und Untersuchungen, Schmerzen und Beschwerden, idealerweise jeweils mit Datum versehen. Denn Jahre später, wenn der Prozess womöglich erst stattfinden wird, ist die Erinnerung oft verschwommen. Es ist vor Gericht durchaus anerkannt, sich bei Aussagen auf solche Erinnerungshilfen zu stützen.

Beweiserleichterungen

In solchen Prozessen besteht ein starkes Gefälle zwischen dem Wissen und den Möglichkeiten des Klägers und denen des Beklagten. Vom Kläger kann kein medizinisches Fachwissen erwartet werden, er hat keine Kenntnisse über die Abläufe in der Arztpraxis oder der Klinik und medizinische Zusammenhänge sind ihm fremd. Es ist daher zulässig und einem fairen Prozess angemessen, dass Gerichte den Patienten Beweiserleichterungen zugestehen können (BVerfG, Urteil vom 25.7.1979, Az. 2 BvR 878/74). In seltenen Fällen kann zum Beispiel auf den Beweis des Patienten verzichtet werden, dass das Fehlverhalten des Arztes den eingetretenen Schaden verursacht hat. Dies ist dann der Fall, wenn der Sachverhalt feststeht und dieser nach gesicherter medizinischer Erfahrung regelmäßig einen bestimmten Schaden herbeiführt.

! Urteil

Ein Patient, der eine HIV-belastete Blutkonserve erhalten hatte und auch an HIV erkrankt war, musste nicht beweisen, dass genau diese Blutkonserve zu seiner Erkrankung geführt hatte. Es lagen weder eine entsprechende Vorerkrankung noch irgendwelche Risikofaktoren in der Lebensführung des Patienten vor, die Anlass gegeben hätten, eine andere mögliche Ursache der HIV-Infektion zu erwägen (BGH, Urteil vom 30.4.1991, Az. VI ZR 178/90).

Beweislastumkehr

Die Beweiserleichterungen können bis zur Beweislastumkehr gehen. Dann muss nicht mehr der Patient beweisen, dass ein

Behandlungsfehler vorlag, der ursächlich zu dem Schaden geführt hat. Vielmehr wird dies so lange als gegeben unterstellt, bis der beklagte Arzt oder das beklagte Krankenhaus das Gegenteil bewiesen hat. Eine solche Beweislastumkehr erfolgt bei einem »groben Behandlungsfehler« (§ 630h Abs. 5 BGB). Er liegt vor, wenn der Beschuldigte eindeutig gegen ärztliche Verhaltensvorschriften verstoßen hat und dieser Verstoß so schwer war, dass er einem Arzt bei objektiver Betrachtung nicht unterlaufen durfte. Außer bei den klassischen Fällen wie »Schere im Bauch vergessen« oder »rechtes statt linkes Bein operiert« ist es durchaus schwierig, einen groben Behandlungsfehler festzustellen. Der Richter hört hier zumeist einen Sachverständigen an, bevor er entscheidet. Das gilt auch für den sogenannten Befunderhebungsfehler, bei dem der Arzt nicht alle erforderlichen Untersuchungen durchgeführt hat, die üblicherweise zur Diagnoseerhebung der Erkrankung gehören.

! Urteile

Ein Notarzt hatte trotz geschilderter – auf einen Infarkt hindeutender – Schmerzen einer Person im Schulter-Arm-Bereich keine Überweisung in eine Klinik vorgenommen. Dies stellt einen groben Behandlungsfehler dar (BGH, Urteil vom 26.10.1993, Az. VI ZR 155/92). Der Arzt musste nun beweisen, dass der Patient auch trotz einer Einweisung verstorben wäre, was ihm nicht gelang.

Eine Augenärztin im Notdienst hatte es unterlassen, den Patienten auch auf mögliche Risiken hinzuweisen und ihn insbesondere nicht aufgefordert, den Vorgang im Auge weiter beobachten zu lassen. In der Folge trat ein erheblicher Augenschaden ein. Die Sachverständigen hatten die fehlende Aufklärung als grob fehlerhaft eingestuft. Die Richter hatten daraufhin die Beweislast umgekehrt und die Ärztin muss jetzt beweisen, dass im vorliegenden Fall der Fehler nicht zu dem Augenschaden führt (BGH, Urteil vom 16.11.2004, Az. VI ZR 328/03).

Wenn ein Arzt für die betreffende Behandlung nicht geeignet war, dreht sich die Beweislast ebenfalls. Es wird dann unterstellt, dass diese mangelnde Eignung auch für den Schaden ursächlich war (§ 630h Abs. 4 BGB).

Auch wenn ein Arzt einen Patienten unvollständig oder gar nicht aufklärt, wird die Beweislast umgekehrt. Der Patient muss nicht mehr den Fehler des Arztes beweisen, sondern der Arzt muss beweisen, dass selbst bei korrekter Aufklärung kein anderes Ergebnis eingetreten wäre (§ 630h Abs. 2 BGB). Eine Umkehr der Beweislast tritt auch dann ein, wenn ein Arzt die strittigen Vorgänge unzureichend oder gar nicht dokumentiert hat (§ 630h Abs. 3 BGB). Wenn der Arzt allerdings die Unterlagen nach Ablauf der Aufbewahrungsfrist vernichtet, darf ihm dies grundsätzlich nicht zum Nachteil gereichen.

Verjährung

Viele Patienten benötigen lange Zeit, bis sie sich zu einem Verfahren gegen einen Arzt oder ein Krankenhaus durchringen. Teilweise werden die Schäden einer fehlerhaften Behandlung auch erst Jahre später sichtbar. In allen Fällen, in denen die vermeintlich fehlerhafte Behandlung bereits einige Zeit zurückliegt, muss geprüft werden, ob mittlerweile Verjährung eingetreten ist. Für alle Rechtsfragen und Streitigkeiten hat der Gesetzgeber Fristen festgelegt, nach deren Ablauf Ansprüche nicht mehr geltend gemacht werden können.

Die regelmäßige Verjährungsfrist beträgt drei Jahre (§ 195 BGB). Dies scheint zunächst ein ausreichend langer Zeitraum zu sein. Bedenkt man aber, dass es nicht immer einfach ist, einen Schaden zu erkennen, Geschädigte sich beraten lassen müssen und es sehr lange dauern kann, bis Gutachten erstellt sind, dann wird deutlich, dass sich Patienten beeilen müssen, wenn sie wegen fehlerhafter Behandlung gegen ihren Arzt vorgehen wollen.

Die Verjährungsfrist beginnt mit dem Ende des Jahres, in dem der Betroffene Kenntnis von solchen Tatsachen erlangt, aus denen auch ein medizinischer Laie schließen kann, dass gegen ärztliche Standards verstoßen wurde. Erfährt der Patient im Lauf des Jahres 2013, dass der Arzt fehlerhaft gehandelt haben könnte, so muss er die Klage spätestens am 31. Dezember 2016 einreichen. Es liegt auf der Hand, dass es schwierig ist, den Zeitpunkt festzustellen, wann der Patient erstmals Kenntnis über einen möglichen Schadenersatzan-

❮ ❯ Beispielfall

Durch ein Versehen wird Peter K. vor einer Blinddarmoperation von den Ärzten des Krankenhauses nicht aufgeklärt. Während der Operation verletzt der Arzt ein großes Blutgefäß im Bauchraum. Statt der üblichen zwei bis drei Tage muss der Patient mehrere Wochen im Krankenhaus liegen. Er beschwert sich bei der Krankenhausleitung über die unterbliebene Aufklärung. Sein weiterbehandelnder Arzt erklärt ihm, dass bei solchen Operationen hin und wieder Blutgefäße verletzt werden können und ein Fehler meist nicht bewiesen werden kann. Jahre später liest Peter K. in einem Ratgeber, dass bei unterlassener Aufklärung nicht mehr der Patient den Fehler beweisen muss, sondern der Arzt, dass kein Fehler vorlag. Daher beschließt er, den Arzt doch zu verklagen. Vor Gericht trägt die Gegenseite vor, dass der Kläger die mangelnde Aufklärung gekannt habe. Die Verjährung begann mit diesem Zeitpunkt zu laufen und war bereits eingetreten. Die Klage wird abgewiesen.

spruch erlangt. Noch schwieriger wird die Situation für den Patienten dadurch, dass er sich auch anrechnen lassen muss, wenn er die Umstände hätte wissen müssen, sich aber nicht weiter gekümmert hat. Dabei wird von den Patienten sogar verlangt, sich aktiv um Aufklärung zu bemühen, falls dies ohne großen Zeit- oder Kostenaufwand möglich ist. Braucht er beispielsweise den Namen des operierenden Arztes, um einem Verdacht auf einen Fehler nachgehen zu können, muss er sich danach erkundigen. Für den Start der Verjährungsfrist reicht es aus, dass der Patient Umstände weiß oder erfährt, die einen Anspruch nach sich ziehen könnten. Die juristische

Schlussfolgerung, dass er einen Anspruch hat, muss nicht gezogen werden. Erfährt der Patient also beispielsweise unmittelbar nach der Operation, dass dem Operateur während des Eingriffs ein Fehler unterlaufen ist und es deshalb zu Komplikationen kam, beginnt die Verjährungsfrist mit diesem Zeitpunkt zu laufen – unabhängig davon, ob dem Patienten klar ist, dass aus dem fehlerhaften Verhalten des Arztes möglicherweise ein Schadenersatzanspruch für ihn entstanden sein könnte. Durch die Komplikation muss ja kein Schaden eingetreten sein. Gleiches gilt, wenn der Arzt versäumt hat, den Patienten aufzuklären. Denn dass er nicht aufgeklärt worden ist, ist dem Patienten unmittelbar klar – welche Rechtsfolgen sich aus dieser mangelnden Aufklärung für die Verjährung ableiten, hingegen nicht unbedingt. Dennoch beginnt die Verjährung ab dem Zeitpunkt der unterbliebenen Aufklärung zu laufen.

Problematisch ist ebenfalls, dass die Verjährung nicht mit dem Zeitpunkt beginnt, an dem der Schaden auftritt, sondern sie knüpft an die Handlung an, die den Schaden ausgelöst hat. Gerade bei Behandlungsfehlern zeigen sich Schäden je-

❰ ❱ Beispielfall

Claudia A. unterzieht sich einer Knieoperation. Nach zwei Jahren treten bei ihr erst gelegentlich, dann über einen Zeitraum von weiteren drei Jahren stärker werdend und schließlich chronisch Beschwerden beim Gehen auf. Sie verklagt die Klinik. Im Verfahren behauptet der Anwalt der Klinik, es sei Verjährung eingetreten: Die Patientin hätte bereits nach den ersten Beschwerden erkennen müssen, dass eine fehlerhafte Operation die Ursache ihrer Beschwerden war. Diese Behauptung muss der Anwalt beweisen. Gelingt ihm dies nicht, ist der Anspruch nicht verjährt.

doch häufig erst einige Zeit später, zum Teil Jahre nach der fehlerhaften Behandlung. Dies bedeutet zwar nicht, dass ein Schaden, den der Patient erst nach fünf Jahren bemerkt, bereits verjährt ist. Die Gegenseite wird dem Patienten aber entgegenhalten, er hätte bereits früher von den Umständen der fehlerhaften Behandlung erfahren (können) und deshalb sei die Verjährung bereits eingetreten. Das wird die Gegenseite beweisen müssen. Länger als 30 Jahre darf das Ereignis, das den Schaden ausgelöst hat, allerdings nicht zurückliegen.

Wenn ein geschädigter Patient mit dem Arzt, dem Krankenhaus oder der Versicherung außergerichtlich verhandelt, wird die Verjährungsfrist so lange unterbrochen, bis einer der Verhandlungspartner die Verhandlung für endgültig gescheitert erklärt. Man spricht dann davon, dass die Verjährung gehemmt ist.

Sofern Patienten im Vorfeld einer Klage ärztliche Gutachter oder Schlichtungsstellen einschalten, sollten sie beachten, dass sie mit dem Antrag an die ärztliche Gutachterkommission oder Schlichtungsstelle in der Regel ihre Kenntnis offenbaren, dass möglicherweise ein Haftungsfall vorliegt. Und damit beginnt spätestens dann die Verjährung zu laufen. Ob durch die Einschaltung dieser Kommissionen die Verjährung gehemmt wird, ist strittig. Sicherheitshalber sollten Patienten deshalb mit der Gegenpartei schriftlich vereinbaren, dass für diese Zeit die Verjährungsfrist unterbrochen wird.

Da die Berechnung der Verjährungsfristen so schwierig ist, empfiehlt es sich dringend, einen in diesen Angelegenheiten erfahrenen Rechtsanwalt hinzuzuziehen (→ Seite 175). Neben der Berechnung der Zeiten kommt es auch darauf an, die notwendigen Schritte zur Vorbereitung eines Verfahrens umsichtig einzuleiten. Denn durch ungeschicktes Handeln, etwa einer Akteneinsicht, kann womöglich der Eindruck entstehen, der Betroffene habe schon zu einem früheren Zeitpunkt Kenntnis gehabt.

Patientenrechte durchsetzen

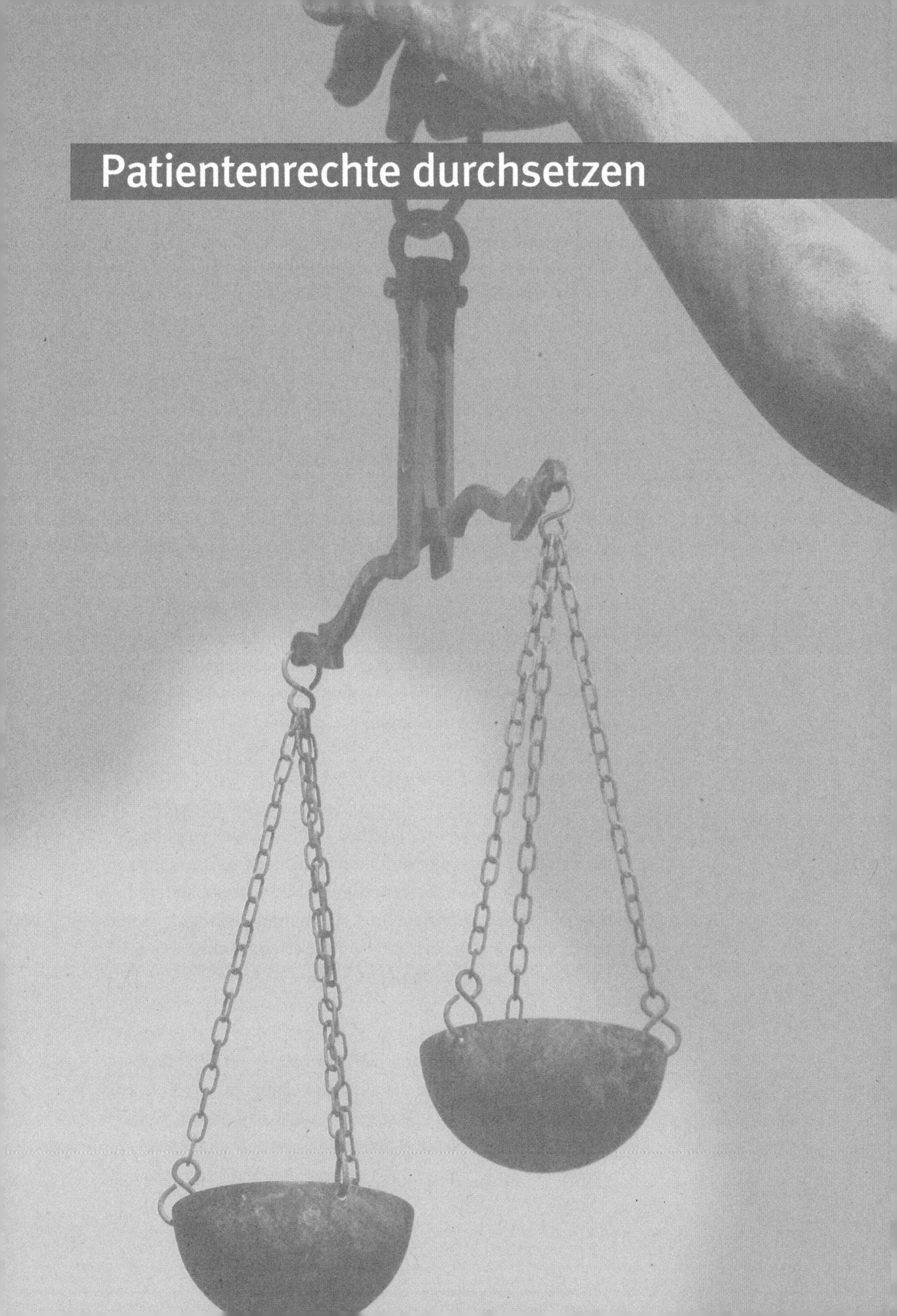

Patientenrechte zu kennen ist wichtig: Manches, was strittig ist, wird der Einzelne so bereits im Gespräch durchsetzen können. Es kann aber auch passieren, dass sich ein Arzt von den Ansprüchen seines Patienten völlig unbeeindruckt zeigt. Oder ein Patient hat durch einen Behandlungsfehler einen Schaden mit einschneidenden gesundheitlichen und wirtschaftlichen Folgen erlitten, für den niemand geradestehen will. In diesen Situationen muss der eigene Anspruch auch gegen den Widerstand der anderen Seite durchgesetzt werden. Das kann Kraft und Geld und Zeit kosten.

Beratung

Wenn ein Patient den Verdacht hegt, dass bei ihm ein Behandlungsfehler gemacht wurde, wenn er nicht weiß, wie er vorgehen soll, oder wenn es überhaupt darum geht, Informationen über die eigenen Rechte als Patient zu erhalten, empfiehlt es sich, einen ersten Kontakt mit einer unabhängigen Beratungsstelle, einem spezialisierten Anwalt oder der Krankenkasse aufzunehmen.

Patientenberatungsstellen
In Deutschland gibt es leider bislang kein flächendeckendes Netz unabhängiger Patientenberatungsstellen. Lediglich in einigen Großstädten unterhalten verschiedene Träger – darunter auch Verbraucherzentralen – solche Anlaufstellen. Die Krankenkassen finanzieren die sogenannte Unabhängige Patientenberatung Deutschland (UPD), die auch über eine gebührenfreie Telefonnummer erreichbar ist (0800 0 11 77 22).

Die Angebote der einzelnen Beratungsstellen unterscheiden sich. Generell haben sie sich die Aufgabe gestellt, Patienten unabhängig zu beraten, sie auf ihre Rechte hinzuweisen und Orientierungshilfen im Gesundheitswesen zu bieten. Sie informieren über Wahlmöglichkeiten bei Ärzten und Krankenkassen sowie über allgemeine Rechte beim Verdacht auf

ärztliche Behandlungsfehler. Bei allen rechtlichen Fragen zu
Gesundheitsdienstleistungen sind die Verbraucherzentralen
eine unabhängige Anlaufstelle (Adressen → Seite 195 f.). In
den meisten Bundesländern gibt es spezialisierte Beratungs-
kräfte, die Patienten mit individuellem Rechtsrat bei Problemen mit dem Arzt, dem Krankenhaus oder der Krankenkasse
unterstützen. Spezielle Beratungsangebote zu bestimmten
Krankheiten gibt es bei Selbsthilfegruppen.

Der Rechtsanwalt
Mitunter ist es genauso schwierig, den richtigen Anwalt zu
finden wie den richtigen Arzt. Denn jeder Rechtsanwalt kann
in allen Rechtsgebieten tätig werden. Da aber das Arzthaftungsrecht für die erfolgreiche Vertretung einige Kenntnisse
und Erfahrung voraussetzt, sollten Geschädigte möglichst
einen spezialisierten Anwalt beauftragen.

Anwälte mit der Fachanwaltsbezeichnung »Medizinrecht«
müssen eine umfassende theoretische Schulung mit Prüfungen hinter sich bringen sowie eine größere Zahl von bear-
beiteten Fällen nachweisen. Da Anwälte diese Bezeichnung
erst seit einigen Jahren erwerben können, gibt es bislang nur
eine geringe Anzahl von Spezialisten, die ihre Qualifikation
so belegen können.

In Branchenbüchern, auf Türschildern und anderen Werbe-
mitteln können Anwälte Spezialkenntnisse angeben. Dabei
werden zwei Kategorien verwendet:
- Mit dem »Tätigkeitsschwerpunkt« dürfen Anwälte werben,
  wenn sie mindestens zwei Jahre in dem Rechtsgebiet ver-
  tieft tätig waren. Eine Prüfung müssen sie aber nicht able-
  gen. Die Angaben bei der Rechtsanwaltskammer beruhen
  weitgehend auf Selbsteinschätzung der Anwälte.
- Für die zweite Kategorie, den »Interessenschwerpunkt«,
  gibt es keine Qualifikationsanforderungen. Hierunter kann
  jeder Anwalt auch Beratung zu Rechtsgebieten offerieren,
  in denen er keine vertieften Rechtskenntnisse besitzt.

Für Streitigkeiten mit gesetzlichen Krankenkassen bieten sich die Fachanwälte für Sozialrecht als bevorzugte Ansprechpartner an. Bei Ärger mit Privatversicherungen kennen sich Versicherungsspezialisten am besten aus. Im Arzthaftungsrecht kann es auch eine wichtige Rolle spielen, ob der Anwalt überwiegend Patienten oder Ärzte vertritt.

Die Kosten des Anwalts orientieren sich im zivilrechtlichen Verfahren (→ Seite 184 f.) am Streitwert. Das ist der Betrag, über den mit dem Gegner gestritten wird. Bei sozialrechtlichen Verfahren – wenn beispielsweise mit der Krankenkasse über die Genehmigung einer Kur gestritten wird –, gibt es feststehende Gebührenrahmen (zwischen 40 und 520 Euro).

[ ] Tipp

Für eine Erstberatung darf der Anwalt nicht mehr als 190 Euro verlangen, wenn er vor der Beratung keine schriftliche Vereinbarung über einen anderen Preis mit dem Mandanten trifft. Bereits bei diesem ersten Termin sollten Ratsuchende die möglichen Kosten eines Verfahrens klären. Neben den Anwaltskosten fallen – je nach Verfahren – Gerichts- und unter Umständen Gutachterkosten an.

Das finanzielle Risiko ist daher neben den rechtlichen Überlegungen entscheidend dafür, ob Geschädigte ein Verfahren beginnen sollten oder nicht. Menschen mit geringem Einkommen können sogenannte Beratungshilfe beim Amtsgericht beantragen.

Hilfestellung durch die Krankenkasse

Die gesetzlichen Krankenkassen konnten ihre Mitglieder bereits bei Problemen mit Behandlungsfehlern beraten und unterstützen. Durch den Medizinischen Dienst der Krankenversicherung (MDK) verfügen sie zudem über den notwendigen medizinischen Sachverstand. Dennoch kamen die Krankenkassen dieser Aufgabe nur zum Teil nach. Deshalb ist im neuen Patientenrechtegesetz nun die Verpflichtung aufgenommen worden, den Mitgliedern Hilfestellung zu leisten. Erkundigen Sie sich also bei Ihrer Kasse, welche Unterstützungs- und Hilfsangebote bestehen.

Die Verfahren

Wer seine Rechte als Patient durchsetzen möchte, kann auf verschiedene Verfahren zurückgreifen. Neben den Gerichtsverfahren bieten Ärztekammern und private Krankenversicherungen außergerichtliche Verhandlungen an. Bevor Sie sich »im Falle eines Falles« für ein bestimmtes Vorgehen entscheiden, sollten Sie sich umfassend beraten lassen, welcher der Wege eingeschlagen werden kann oder wann es sinnvoller ist, auf bestimmte Verfahren zu verzichten.

Gutachterkommissionen und Schlichtungsstellen der Ärztekammer

Die Landesärztekammern haben Gutachterkommissionen oder Schlichtungsstellen eingerichtet, mit denen vor einem Gerichtsverfahren Behandlungsfehler abgeklärt werden können. Sie sind mit – von der Kammer benannten – Ärzten und Juristen besetzt; Patientenvertreter sind nicht beteiligt. Das Verfahren ist freiwillig. Beide Parteien, also der Patient und der betroffene Arzt, müssen dem Verfahren zustimmen. Das Ergebnis der Kommission ist für keinen der Betroffenen bindend, sondern stellt lediglich eine Empfehlung dar. Die im Rahmen der Arbeit häufig ergehenden Gutachten haben jedoch eine nicht zu unterschätzende Wirkung, wenn Patienten Ansprüche vor Gericht geltend machen.

Das Verfahren findet schriftlich statt und beurteilt im Wesentlichen, ob ein Behandlungsfehler vorliegt. Zur Frage der Haftung oder der Kausalität – also des Zusammenhangs zwischen Fehler und Schaden – bezieht die Kommission keine Position. Fehler bei der Aufklärung werden nur von einigen der Länderkommissionen untersucht und beurteilt. Falls der Patient oder der Arzt mit dem Ergebnis nicht einverstanden ist, kann das Gremium das Gutachten erneut überprüfen.

Für geschädigte Patienten stellt diese Vorgehensweise zunächst eine preisgünstige Möglichkeit dar, um an eine gutachterliche Einschätzung zu kommen. Das Verfahren vor der Gutachterkommission selbst ist kostenlos, lediglich die Kosten für den eigenen Anwalt muss der Patient selbst tragen.

Allerdings weist dieser Weg auch verschiedene problematische Seiten auf. So erfolgt das Verfahren lediglich schriftlich, eine Anhörung der Betroffenen findet nicht statt. Grundsätzlich werden dem Patienten auch keine Beweiserleichterungen (→ Seite 167) gewährt, ein Umstand, der im Zivilprozess einen entscheidenden Vorteil bringen kann. Und aus Kreisen der Anwaltschaft und von Patientenorganisationen wird die Objektivität der Kommissionen bezweifelt, da sie unmittelbar bei den Ärztekammern angesiedelt und weder Patientenvertreter noch Vertreter der Krankenkasse beteiligt sind. Ob es sinnvoll ist, diesen Verfahrensweg zu nutzen, hängt von den Umständen des Einzelfalls ab: In jedem Fall ist es ratsam, wenn Geschädigte sich bei einer Patientenorganisation oder von einem kompetenten Anwalt beraten lassen, bevor sie eine Gutachter- oder Schlichtungskommission einschalten.

Privatgutachten

Theoretisch kann jeder Patient, der sich geschädigt fühlt, privat aus eigenen Mitteln einen Gutachter beauftragen. Das kann jedoch sehr teuer werden: Das Honorar für ein solches Gutachten beläuft sich leicht auf mehrere Tausend Euro. Die Kosten werden von Rechtsschutzversicherungen nicht übernommen und selbst bei einem späteren Obsiegen vor Gericht nicht zwangsläufig der beklagten Partei auferlegt. Um die Erfolgsaussichten einer möglichen Klage einzuschätzen, kann es für geschädigte Patienten dennoch notwendig sein ein solches Privatgutachten einzuholen. Auch hier gilt, dass sie sich möglichst vorher durch eine Patientenberatungsstelle oder einen Rechtsanwalt beraten lassen sollten. Ein Privatgutachten kann in einem späteren Prozess als Beweismittel eingebracht werden, ihm wird jedoch zumeist nicht die Bedeutung zugemessen wie einem vom Gericht bestellten Gutachten.

Der Ombudsmann der PKV

Die private Versicherungswirtschaft hat die Stelle eines Ombudsmanns (Adresse → Seite 194) eingerichtet, um Streitigkeiten im Rahmen der privaten Kranken- und Pflegeversicherung (PKV) zu schlichten. An den PKV-Ombudsmann kann sich jeder Versicherte – schriftlich – mit Beschwerden zur privaten Kranken- und Pflegeversicherung wenden, solange noch kein Gerichtsverfahren eingeleitet oder eine andere Schiedsstelle eingeschaltet wurde. Nur ausnahmsweise wird mündlich verhandelt.

In dem Beschwerdeschreiben muss der Versicherte den Sachverhalt kurz schildern: Außer dem Beschwerdegrund sollte er die wichtigsten persönlichen Daten (Name, Geburtsdatum, Anschrift, Telefonnummer, Fax) nennen und alle für die Entscheidung des Verfahrens wichtigen Unterlagen (in Kopie) beifügen.

Nach Eingang seiner Beschwerde erhält der Versicherte eine Eingangsbestätigung, bei Bedarf wird er um ergänzende Informationen gebeten. Wenn der Ombudsmann die Beschwerde für zulässig hält, schickt er sie dem Versicherungsunternehmen mit der Bitte um Stellungnahme. Nachdem sich das Versicherungsunternehmen geäußert hat, spricht der Ombudsmann eine Empfehlung aus. Sie ist weder für den Versicherten noch für das Versicherungsunternehmen bindend. Der Versicherte kann daher trotz eines ablehnenden Bescheids des Ombudsmanns gegen die Versicherung klagen. Eine Beschwerde gegen die Entscheidung oder die nochmalige Anrufung des Ombudsmanns ist dagegen nicht möglich.

Während des Verfahrens vor dem Ombudsmann ist die gesetzliche Verjährungsfrist gemäß § 12 Versicherungsvertragsgesetz (VVG) gehemmt. Der Zeitraum der Beschwerdebearbeitung – ab Eingang der Beschwerde beim PKV-Ombudsmann, längstens aber sechs Monate – wird also bei der gesetzlichen Verjährungsfrist und der Frist, um abgelehnte Ansprüche gerichtlich geltend zu machen, nicht mitgerechnet.

Das Verfahren vor dem Ombudsmann ist kostenfrei. Wer jedoch einen Anwalt hinzuzieht oder sonstige persönliche Auslagen hat, muss dies selbst finanzieren, und zwar auch dann, wenn der Ombudsmann zu seinen Gunsten entscheidet.

Im Jahr 2011 Jahr wandten sich etwa 6.500 Versicherte an den Ombudsmann, vor allem um klären zu lassen, ob Leistungsverweigerungen der Krankenversicherungen rechtens waren, oder um Rat einzuholen, weil die Versicherung wegen vermeintlich falscher Gesundheitsangaben vom Vertrag zurücktreten wollte. In etwa 25 Prozent der Fälle erreicht der Ombudsmann nach eigenen Angaben in den letzten Jahren ein Ergebnis im Sinne des Versicherungsnehmers. Ein Verfahren dauert im Schnitt etwa sechs Monate, manchmal aber auch bedeutend länger.

Zivilverfahren

Streitigkeiten zwischen Ärzten und Patienten, aber auch Verfahren gegen eine private Krankenversicherung werden vor Gericht im »Zivilverfahren« ausgetragen. Da kann es etwa um Schadenersatz aus Behandlungsfehlern gehen, um eine Abrechnung oder eine verweigerte Akteneinsicht.

Welches Gericht sachlich zuständig ist, hängt von der Höhe des Streitwerts ab: Liegt der Betrag über 5.000 Euro, geht der Prozess zum Landgericht, darunter zum Amtsgericht. Beim Amtsgericht kann man sich selbst vertreten (was aber zumeist nicht ratsam ist), beim Landgericht und bei höheren Instanzen ist vorgeschrieben, sich durch einen Anwalt vertreten zu lassen. Örtlich zuständig ist das Gericht am Wohnort des Beklagten.

Gegen Urteile des Amtsgerichts kann der Unterlegene bei einem Streitwert über 600 Euro vor dem Landgericht und bei einem Verfahren vor dem Landgericht beim Oberlandesgericht Berufung einlegen. Gegen Urteile dieser zweiten Instanz kann er in bestimmten Fällen noch vor dem Bundesgerichtshof vorgehen. Eine Klage durch alle Instanzen zu verfolgen kann viele Jahre dauern. Ein erstinstanzliches Urteil dürfte zumeist innerhalb eines Jahres vorliegen. Da in Medizinschadensprozessen häufig Gutachten eingeholt werden müssen, hängt die Verfahrensdauer nicht nur von der Arbeitsbelastung der Richter ab.

In jedem Zivilverfahren müssen die Parteien, also Kläger und Beklagter, alles, was ihnen für die Entscheidung wichtig erscheint, selbst vortragen. Anders als im Strafverfahren stellt das Gericht keine eigenen Ermittlungen an. Es kann aber – auf Kosten der Beteiligten – ein Gutachten bestellen.

Die Kosten hängen vom Streitwert ab. Beim Landgericht (Streitwert über 5.000 Euro) fallen mindestens 2.108 Euro Kosten an, die der Verlierer zu tragen hat. Mit höherem Streitwert steigen auch die Kosten, allerdings nicht proportional. Ein Streit über 50.000 Euro kostet also nicht zehnmal so viel, sondern 7.435 Euro. Hat die Klage nur teilweise Erfolg, wird etwa der Arzt statt der eingeklagten 6.000 Euro nur zu 4.000 Euro Schadenersatz verurteilt, teilen sich die Beteiligten die Kosten anteilig, hier also im Verhältnis von $2/3$ zu $1/3$. Ähnlich ist es bei einem Vergleich, in dem jede der Parteien nachgibt: Auch dann wird der Kläger einen Teil der Kosten tragen müssen. Bei der Festlegung der Klagesumme gilt es also, ein realistisches Augenmaß anzulegen.

Strafverfahren
Wenn ein Behandlungsfehler vorliegt, kann der Geschädigte auch ein Strafverfahren einleiten, zum Beispiel eine Anzeige wegen fahrlässiger Körperverletzung erstatten. Im Strafverfahren ermittelt das Gericht »von Amts wegen« und lässt bei Bedarf – auf Kosten des Gerichts – ein Gutachten erstellen. Allerdings gilt in einem Strafverfahren der Grundsatz »im Zweifel für den Angeklagten«. Damit sind die Anforderungen, die das Gericht an das Maß der individuellen Schuld beim Angeklagten stellt, wesentlich höher als im Zivilverfahren. Da der Arzt in den meisten Fällen nicht vorsätzlich, also mit Absicht, falsch gehandelt hat, sondern lediglich nachlässig war, kommt es in Strafverfahren oft dazu, dass das Verfahren eingestellt wird oder ein Freispruch erfolgt. Zur Vorbereitung eines Zivilprozesses ist ein Strafverfahren in der Regel nicht zu empfehlen: Es verlängert die Dauer des Verfahrens und das Gericht wird den Prozess wegen des Gutachtens ohnehin

aussetzen, wenn parallel ein Zivilprozess geführt wird. Ein Strafverfahren kann dann sinnvoll sein, wenn es dem Patienten vorrangig darum geht, dass der handelnde Arzt persönlich zur Rechenschaft gezogen werden soll.

Das Verfahren vor den Sozialgerichten

Gesetzlich Versicherte können gegen einen Bescheid ihrer Krankenkasse Widerspruch einlegen, zum Beispiel wenn ein Antrag ganz oder teilweise abgelehnt wurde. Die Frist beträgt 30 Tage, nachdem der Bescheid zugestellt wurde. Als zugegangen gilt er, wenn er in den »Empfangsbereich« des Empfängers gelangt ist, sich also im Briefkasten befindet. Bei nicht angenommenen Einschreiben zählt der Zugang der Benachrichtigung. Innerhalb dieser Frist muss der Widerspruch bei der Krankenkasse eingegangen sein. Um dies beweisen zu können, empfiehlt es sich, das Schreiben entweder persönlich in einer Geschäftsstelle der Krankenkasse gegen Empfangsbestätigung abzugeben oder per Einschreiben zuzusenden.

In ihrem Bescheid muss die Krankenkasse darauf hinweisen, dass dagegen Widerspruch eingelegt werden kann und wo und in welcher Frist dies erfolgen soll. Wenn diese »Rechtsbehelfsbelehrung« fehlt, beträgt die Widerspruchsfrist ein Jahr.

Der Widerspruch muss nicht begründet werden; es empfiehlt sich aber, Gründe anzuführen und gegebenenfalls auch Atteste oder Gutachten beizufügen. Die Krankenkasse entscheidet selbst über den Widerspruch, sie kann dazu spezielle Ausschüsse bilden. Wird der Widerspruch zurückgewiesen, ergeht ein sogenannter Widerspruchsbescheid. Gegen diesen Bescheid können Versicherte vor dem Sozialgericht klagen. Das Widerspruchsverfahren ist kostenlos. Hat der Versicherte mit seinem Einspruch Erfolg, trägt die Krankenkasse auch seine Kosten, zum Beispiel die Aufwendungen für einen Rechtsanwalt.

Eine Klage gegen einen ablehnenden Widerspruchsbescheid muss innerhalb von 30 Tagen nach Zugang des Widerspruchsbescheids beim Sozialgericht eingegangen sein. Wenn der Bescheid ohne Rechtsmittelbelehrung verschickt wurde, beträgt die Frist wiederum ein Jahr. Anwaltszwang besteht nicht. Das Sozialgericht muss, anders als die Zivilgerichte, von Amts wegen den Sachverhalt ermitteln; dies stellt für Kläger, die sich nicht von einem Anwalt vertreten lassen (können), eine Erleichterung dar. Es ist jedoch grundsätzlich ratsam, einen Fachanwalt für Sozialrecht hinzuzuziehen. In bestimmten Fällen können sich Mitglieder von Gewerkschaften und Sozialverbänden von diesen Organisationen vertreten lassen. Das Verfahren vor Gericht ist kostenfrei. Weil das Gericht von sich aus ermitteln muss, fallen auch keine Kosten für Gutachten an. Lediglich die Kosten des eigenen Anwalts müssen vorfinanziert werden. Wenn der Versicherte den Prozess gewinnt, trägt die Kasse auch diese Kosten. Umgekehrt muss der Versicherte aber nicht die Anwalts- und Gutachterkosten der Krankenkasse zahlen, wenn er verliert.

Unterhalb bestimmter Einkommensgrenzen besteht die Möglichkeit, Prozesskostenhilfe (→ Seite 185 f.) zu beantragen. In bestimmten Fällen kann das Gericht vorläufige Anordnungen treffen, damit nicht durch eine lange Verfahrensdauer Tatsachen geschaffen werden, die ein Urteil nicht mehr korrigieren kann. Wenn es zum Beispiel darum geht, ob der Versicherte einen bestimmten, teuren Rollstuhl bekommt, muss er nicht monatelang ohne Rollstuhl leben, bis die Gerichtsentscheidung gefällt ist.

[ ] Tipp

Eine Klage vor dem Sozialgericht können Sie nur einreichen, wenn Sie vorher das Widerspruchsverfahren durchlaufen haben. Manchmal dauert dies sehr lange – häufig mit der Begründung, es müssten noch interne Gutachten eingeholt werden. Wenn die Krankenkasse jedoch drei Monaten nicht über den Widerspruch entschieden hat, können Sie eine sogenannte Untätigkeitsklage bei Gericht erheben. Das Gleiche gilt, wenn die Kasse bereits den Antrag zu schleppend bearbeitet. Es reicht dabei häufig aus, der Krankenkasse eine solche Klage anzukündigen. In der Regel erhalten Versicherte dann innerhalb kürzester Zeit ihren Bescheid.

Gegen Entscheidungen des Sozialgerichts kann man bei einem Streitwert über 500 Euro beim Landessozialgericht Berufung einlegen und in Angelegenheiten von grundsätzlicher Bedeutung noch das Bundessozialgericht anrufen.

Die Kosten

Während in anderen Rechtsgebieten, beispielsweise bei Nachbarschaftsstreitigkeiten oder im Reiserecht, oft Streitigkeiten im Wert von wenigen Hundert Euro ausgetragen werden, sieht dies in Arzthaftungsprozessen ganz anders aus. Die meisten Patienten nehmen den aufwendigen und belastenden Weg eines Prozesses nur in Kauf, wenn es sich um Angelegenheiten von einiger Bedeutung handelt. Es liegen zumeist große körperliche Schädigungen vor, das geforderte Schmerzensgeld oder der geforderte Schadenersatz erreicht schnell sechsstellige Beträge. Bei Schädigungen, die zu lang anhaltenden Beeinträchtigungen führen, bestehen oft auch Rentenansprüche, die unter Umständen (zum Beispiel bei Geburtsschäden) ein ganzes Leben lang bezahlt werden müssen. Dies führt dazu, dass die Streitwerte in der Regel recht hoch sind. Da sich die Kosten für einen Rechtsanwalt und die Gerichtsgebühren in Zivilverfahren grundsätzlich nach dem Streitwert richten, entstehen für den Kläger schnell große finanzielle Belastungen. Hinzu kommt, dass oft Gutachten erforderlich sind um die vorgetragenen Behauptungen beweisen zu können. Auch diese Gutachten sind je nach Umfang mit erheblichen Kosten verbunden. All dies muss der Kläger zunächst vorstrecken und mit dem Risiko leben, falls er in dem Verfahren unterliegt, diese Beträge ganz oder – wenn die Klage nur zum Teil Erfolg hat – zumindest teilweise selbst bezahlen zu müssen.

Rechtsschutzversicherung
Wer eine Rechtsschutzversicherung hat, kann dieses Risiko vermindern. Aber Vorsicht: Bevor jemand Klage bei Gericht

einreicht oder sich von einem Anwalt beraten lässt, sollte er stets mit seiner Rechtsschutzversicherung klären, ob sie für diesen speziellen Fall eintritt. In der Regel behalten sich nämlich die Versicherungen vor, nur Klagen mit Erfolgsaussichten zu unterstützen. Sie lassen prüfen, wie die Perspektive im Einzelfall zu bewerten ist.

Vor einem Verfahren sollten Rechtsschutzversicherte prüfen, ob sie nach Abschluss der Versicherung womöglich noch Wartezeiten einhalten müssen. Für einmal begonnene Rechtsstreitigkeiten kann keine Rechtsschutzversicherung mehr abgeschlossen werden.

Prozesskostenhilfe

Damit nicht nur Menschen mit Rechtsschutzversicherung oder Wohlhabende Prozesse führen können, gibt es das Instrument der Prozesskostenhilfe. Die Kosten eines Verfahrens werden dann vom Staat getragen. Prozesskostenhilfe gibt es nur bei Bedürftigkeit: Der Antragsteller darf nicht über Mittel verfügen, mit denen er den Prozess selbst finanzieren kann. Je nach Einkommen und Vermögen des Betreffenden wird der Prozess ganz oder teilweise finanziert.

In jedem Fall muss der Kläger vor Beginn des Verfahrens den Antrag auf Prozesskostenhilfe bei Gericht stellen. Neben den Einkommensverhältnissen wird auch geprüft, ob der Rechtsstreit Aussicht auf Erfolg hat. Gegen eine ablehnende Entscheidung auf Übernahme der Prozesskosten kann Einspruch eingelegt werden, damit eine weitere gerichtliche Instanz die Entscheidung überprüft.

Prozesskostenhilfe darf nur gewährt werden, wenn der Prozess nicht »mutwillig« geführt wird. Das bedeutet, es darf keine Alternativen zu einer anderen Einigung geben. Aus dieser Voraussetzung leiten Gerichte gelegentlich ab, dass der Geschädigte, vor Inanspruchnahme von Prozesskostenhilfe das Verfahren vor eine Schlichtungsstelle oder Gutachterkommission der Ärztekammer bringen muss. Diese Auffassung ist falsch und sollte nicht hingenommen werden. Bei den Verfahren an der Schlichtungsstelle handelt es sich um ein von der Ärzteseite angebotenes Verfahren, in dem der Patient nicht mündlich angehört wird. Das Verfahren kann nicht dazu dienen, den Zugang zu Gerichten einzuschränken (OLG Oldenburg, Az. 3 W 58/88; OLG Düsseldorf, Az. 8 W 84/88).

Die Prozesskostenhilfe birgt jedoch ein ganz erhebliches Risiko für den Prozesskostenhilfeempfänger: Verliert er den Prozess, so trägt die Prozesskostenhilfe zwar die Gerichtskosten und seine eigenen Anwaltskosten, nicht aber die Anwaltskosten der Gegenseite. Dieses Kostenrisiko ist so hoch, dass ein Arzthaftungsprozess auf Basis von Prozesskostenhilfe sehr gut geprüft werden muss.

Prozessfinanzierer

Seit einiger Zeit gibt es in Deutschland – wie schon seit Längerem in den USA – die Möglichkeit, sich einen Prozess über Unternehmen finanzieren zu lassen, deren Geschäftszweck ausschließlich darin besteht, aussichtsreiche Prozesse zu finanzieren. Unter www.anwalt-service.de finden Sie im Internet Adressen solcher Unternehmen. Je nach Vertrag erhält der Prozessfinanzierer zwischen einem Drittel und der Hälfte des letztendlich erstrittenen Betrags. Wer also einen Betrag von 50.000 Euro als Schmerzensgeld vor Gericht zugesprochen bekommt, behält davon nur 25.000 oder 35.000 Euro und muss den Rest dem Prozessfinanzierer geben. Im Gegenzug übernimmt das Unternehmen sämtliche Kosten, falls der Prozess verloren wird. Allerdings steigen diese Firmen meist nur in Verfahren ein, die einen sehr hohen Streitwert (über 100.000 Euro) haben. Vor Abschluss eines solchen Vertrags sollten sich Geschädigte unbedingt von einem Anwalt beraten lassen.

Anhang

Übersichtstabelle Schmerzensgeld

Betrag	Art der Verletzung	Besondere Umstände	Quelle
250 €	Richten eines Handgelenk-bruchs ohne Betäubung	59-jährige Hausfrau	OLG Düssel-dorf, Urteil vom 13.2.2003 (8 U 41/02)
3.000 €	Nicht erkannter Becken-ringbruch nach Motorrad-unfall	Diagnose erst nach 2 Mo-naten wegen anhal-tender Beschwerden, Knochen fehlerhaft zusam-mengewachsen	BGH, Urteil vom 27.4.2004 (VI ZR 34/03)
ca. 4.100 € (Urteil in DM)	Notwendigkeit einer Folgeoperation nach kosmetischer Fett-absaugung zur Erreichung des gewünschten Erfolgs	55-jährige Frau	OLG Düssel-dorf, Urteil vom 20.3.2003 (8 U 18/02)
ca. 5.100 € (Urteil in DM)	Tod eines Kinds 3 Tage nach der Geburt durch Or-ganschäden infolge eines fahrlässigen Behandlungs-fehlers während der Geburt	Kurze Leidenszeit maß-geblich für die Höhe des Schmerzensgelds	OLG Bremen, Urteil vom 26.3.2002 (3 U 84/01)
6.000 €	Schädigung des Zungen-nervs durch die Betäu-bungsspritze im Rahmen einer Zahnbehandlung	Unterlassene Aufklärung über die Risiken; Folge der Verletzung: Gefühlsstörung der rechten Zungen- und Mundhöhlenhälfte (Ver-kaufsleiter)	OLG Koblenz, Urteil vom 13.5.2004 (5 U 41/03)
7.000 €	Lebensgefährdende Blutvergiftung aufgrund wiederholter Anlage von Kathetern zur Urinablei-tung, deren Verfallsdatum um mehrere Jahre über-schritten war	84-jähriger Patient mit schweren Grund-erkrankungen	OLG Köln, Urteil vom 30.1.2002 (5 U 106/01)

Betrag	Art der Verletzung	Besondere Umstände	Quelle
ca. 7.700 € (Urteil in DM)	Verletzung der Speiseröhre bei einer Ultraschalluntersuchung des Herzens	Folge: Operation, 2-wöchiger stationärer Krankenhausaufenthalt, nachfolgend zeitweise Schluckbeschwerden	OLG Düsseldorf, Urteil vom 1.8.2002 (8 U 198/01)
8.000 €	Fehlerhafte Positionierung eines Kreuzbandimplantats mit der Folge einer erneuten Operation		OLG Stuttgart, Urteil vom 4.6.2002 (14 U 86/01)
ca. 10.200 € (Urteil in DM)	Dauerhaft schmerzhafte Bewegungseinschränkung des Kniegelenks aufgrund einer durch einen Behandlungsfehler verursachten Infektion	65-jähriger Mann mit altersbedingt vorgeschädigten Gelenken	OLG Düsseldorf, Urteil vom 29.8.2002 (8 U 190/01)
13.000 € + monatl. Rente: 1.000 €	Erhebliche Funktionseinschränkung des linken Arms und der Hand infolge einer durch fehlerhafte Geburtsmaßnahmen verursachten Nervenlähmung	Weitere Folgen: Körperfehlhaltung; Besuch einer Schule für Körperbehinderte ist erforderlich (heute 11 Jahre altes Kind)	OLG Düsseldorf, Urteil vom 10.1.2002 (8 U 49/01)
18.000 €	Zu spät operierte Verdrehung des Hodens mit Verlust des linken Hodens	15-jähriger Junge	OLG Köln, Urteil vom 23.1.2002 (5 U 85/01)
20.000 €	Einweisung in eine Klinik und Heimunterbringung eines Kinds, psychiatrische Behandlung der Eltern, Entzug des Sorgerechts	Fehlerhafte Diagnose einer Kindesmisshandlung führt zur Heimunterbringung des Kinds und psychiatrischen Einweisung der Eltern, je 5.000 € für die Eltern und 10.000 € für das Kind	LG München I, Urteil vom 7.1.2009 (9 O 20622/06)
ca. 25.600 € (Urteil in DM)	Chiropraktische Behandlung von Beschwerden bei einem in Betracht zu ziehenden Bandscheibenvorfall	Folge: Operation; durch die Behandlung wurde der Klägerin die Möglichkeit einer konservativen Behandlung genommen; heute: recht günstiges Beschwerdebild (25-jährige Frau)	OLG Hamm, Urteil vom 24.10.2001 (3 U 123/00)

Betrag	Art der Verletzung	Besondere Umstände	Quelle
ca. 25.600 €	Erhebliche, mit Sehhilfen nicht korrigierbare Einschränkung der Sehfähigkeit durch wissenschaftlich noch nicht anerkannte Laserbehandlung	24-jähriger Mann	OLG Karlsruhe, Urteil vom 11.9.2002 (7 U 102/01)
30.000 €	Amputation der rechten Brust durch Versäumnisse bei Diagnostik (hier: unterlassene Gewebeuntersuchung)	46-jährige Frau	OLG Düsseldorf, Urteil vom 6.3.2003 (8 U 22/02)
40.000 €	Tod aufgrund nicht erkannter Leberentzündung (Hepatitis) trotz krankhafter Leberwerte	Kein eigener Anspruch der Erben auf Schmerzensgeld	OLG Hamm, Urteil vom 6.1.2002 (3 U 50/02)
50.000 € + monatl. Rente: 150 €	Mitverursachen einer Querschnittslähmung aufgrund unterlassener Diagnostik	Befund erst nach einem Monat erfolgloser Behandlung einer Bronchitis (67-jähriger Mann)	OLG Düsseldorf, Urteil vom 10.4.2003 (I-8 U 38/02)
ca. 64.000 € (Urteil in DM)	Nervenschädigung des linken Arms aufgrund einer Geburt mit Saugglocke anstelle eines gebotenen Kaiserschnitts		OLG Hamm, Urteil vom 24.4.2002 (3 U 8/01)
70.000 € + monatl. Rente: 200 €	Schädelbruch mit Hirnverletzung infolge einer Zangengeburt	Geistige und leichte körperliche Behinderung, Entwicklungsstand eines 6- bei einem heute 11-Jährigen	OLG Düsseldorf, Urteil vom 21.11.2002 (8 U 155/00)
125.000 €	Amputation eines Beins in Höhe des Oberschenkels aufgrund eines Behandlungsfehlers	Säugling	OLG Hamm, Urteil vom 28.10.2002 (3 U 200/01)
ca. 153.400 €	Nicht erkannter Darmverschluss, der die fast vollständige Entfernung von Dünn- und Dickdarm mit weiteren Operationen zur Folge hatte und schließlich zum Tod führte	Schmerzensgeldmindernd: früher Tod (= weniger Leidenszeit); erhöhend: bewusstes Erleben des bevorstehenden Tods; Abwägung der individuellen Umstände (10-jähriges Mädchen; während des Prozesses verstorben)	OLG Köln, Urteil vom 9.1.2002 (5 U 91/01)

Betrag	Art der Verletzung	Besondere Umstände	Quelle
180.000 €	Lähmungserscheinungen der unteren Körperhälfte, Sexualstörungen, Depressionen	Fehlerhafte Bandscheiben-operation	OLG Koblenz, Urteil vom 29.10.2009 (5 U 55/09)
200.000 € + monatl. Rente: 150 €	Hirnschaden durch Sauer-stoffmangel mit Wachkoma durch Nicht-in-Betracht-ziehen eines möglichen Herzinfarkts trotz entspre-chender Symptome	34-jähriger Familienvater	LG München, Urteil vom 28.5.2003 (9 O 14993/99)
ca. 204.500 € (Urteil in DM)	Hirnschaden durch Sauer-stoffmangel aufgrund man-gelnder Gabe von blut-gerinnungshemmenden Medikamenten bei offenem Unterschenkelbruch		OLG Hamm, Urteil vom 6.5.2002 (3 U 31/01)
230.000 € + monatl. Rente: 360 €	Schwere Hirnschädigung durch verzögerten Kaiser-schnitt		OLG Branden-burg, Urteil vom 9.10.2002 (1 U 7/02)
300.000 €	Hirnschaden durch Sauer-stoffmangel infolge einer extremen künstlichen Über-beatmung eines Neugebo-renen mit Atemschwäche	Trotz der Tatsache, dass der Sauerstoffmangel unter der Geburt den Schaden mitverursacht hat (Nabel-schnur war zweimal um den Hals geschlungen)	OLG Stuttgart, Urteil vom 11.6.2002 (14 U 83/01)
500.000 €	Schwerste Hirnschädigung aufgrund von Sauerstoff-mangel während der Geburt	Grob fehlerhafte Geburts-leitung (Neugeborenes)	OLG Hamm, Urteil vom 21.5.2003 (3 U 122/02)

Adressen

Im Adressverzeichnis sind die jeweiligen Bundesorganisationen angegeben. Viele der aufgelisteten Institutionen verfügen über Landes- oder Regionalgliederungen. Die für Sie jeweils zuständigen Ansprechpartner erfahren Sie über die Bundesorganisationen.

Berufsverbände und -kammern

Bundesärztekammer
Herbert-Lewin-Platz 1 (Wegelystraße)
10623 Berlin
Telefon 0 30/40 04 56-0
www.bundesaerztekammer.de

Bundespsychotherapeutenkammer
Klosterstraße 64
10179 Berlin
Telefon 0 30/27 87 85-0
www.bundespsychotherapeutenkammer.org

Bundesvereinigung Deutscher Apothekerverbände
Jägerstraße 49/50
10117 Berlin
Telefon 0 30/4 00 04-0
www.abda.de

Bundeszahnärztekammer
Chausseestraße 13
10115 Berlin
Telefon 0 30/4 00 05-0
www.bzaek.de

Kassenärztliche Bundesvereinigung
Herbert-Lewin-Platz 2
10623 Berlin
Telefon 0 30/4 00 50
www.kbv.de

Kassenzahnärztliche Bundesvereinigung
Universitätsstraße 73
50931 Köln
Telefon 02 21/40 01-0
www.kzbv.de

Gesetzliche Krankenkassen

AOK-Bundesverband
Rosenthaler Straße 31
10178 Berlin
Telefon 0 30/3 46 46-0
www.aok-bv.de

Berufsgenossenschaft für Transport und Verkehrswirtschaft
Gesetzliche Unfallversicherung
Ottenser Hauptstraße 54
22765 Hamburg
Telefon 0 40/39 80-0
www.bg-verkehr.de

Bundesverband der Betriebskrankenkassen
Kronprinzenstraße 6
45128 Essen
Telefon 02 01/1 79-01
www.bkk.de

Deutsche Rentenversicherung Knappschaft-Bahn-See
Pieperstraße 14–28
44789 Bochum
Telefon 02 34/3 04-0
www.knappschaft.de

GKV-Spitzenverband
Mittelstraße 51
10117 Berlin
Telefon 030/20 62 88-0
www.gkv-spitzenverband.de

IKK Bundesverband
Friedrich-Ebert-Straße/TechnologiePark
51429 Bergisch Gladbach
Telefon 0 22 04/84-4551
www.ikk.de

Künstlersozialkasse
Gökerstraße 14
26384 Wilhelmshaven
Telefon 0 44 21/97 34 05 15 00
www.kuenstlersozialkasse.de

**Spitzenverband der landwirtschaft-
lichen Sozialversicherung**
Weißensteinstraße 70–72
34131 Kassel
Telefon 05 61/93 59-0
www.lsv.de

Verband der Ersatzkassen e.V.
Askanischer Platz 1
10963 Berlin
Telefon 0 30/2 69 31-0
www.vdek.com

Private Krankenkassen

**Verband der privaten Kranken-
versicherung e.V.**
Gustav-Heinemann-Ufer 74c
50968 Köln
Telefon 02 21/99 87-0
www.pkv.de

Beratungsinstitutionen

**Der Beauftragte der Bundesregierung für die
Belange der Patientinnen und Patienten**
Friedrichstraße 108
10117 Berlin
Telefon 0 30/1 84 41-3420
www.patientenbeauftragter.de

**Beauftragter der Bundesregierung für die
Belange behinderter Menschen**
Mauerstraße 53
10117 Berlin
Telefon 0 18 05/67 67-15
www.behindertenbeauftragter.de

**Bundesarbeitsgemeinschaft der PatientIn-
nenstellen und -Initiativen**
Waltherstraße 16 a
80337 München
Telefon 0 89/76 75 51 31
www.gesundheits.de/bagp

**Bundesarbeitsgemeinschaft Selbsthilfe von
Menschen mit Behinderung und chronischer
Erkrankung und ihren Angehörigen e.V.**
Kirchfeldstraße 149
40215 Düsseldorf
Telefon 02 11/3 10 06-0
www.bag-selbsthilfe.de

**Bundesinteressengemeinschaft
Geburtshilfegeschädigter**
Enzer Straße 50
31655 Stadthagen
Telefon 0 57 21/7 23 72
www.big-ev.de

**Bundesverband der Frauen-
gesundheitszentren e.V.**
Kasseler Straße 1a
60486 Frankfurt am Main
Telefon 069/36 60 92 17
www.frauengesundheitszentren.de

Deutscher Patienten Schutzbund e.V.
Schlossstraße 37
41541 Dormagen
Telefon 0 21 33/4 67 53
www.dpsb.de

**Nationale Kontakt- und Informationsstelle
Anregung und Unterstützung von Selbsthilfegruppen (NAKOS)**
Otto-Suhr-Allee 115
10585 Berlin
Telefon 0 30/31 01 89-60
www.nakos.de

Sozialverband Deutschland e.V.
Stralauer Straße 63
10179 Berlin
Telefon 0 30/72 62 22-0
www.sovd.de

Sozialverband VdK Deutschland e.V.
Wurzerstraße 4a
53175 Bonn
Telefon 02 28/8 20 93-0
www.vdk.de

Unabhängige Patientenberatung Deutschland UPD gemeinnützige GmbH
Littenstraße 10
10179 Berlin
Telefon 030/200 89-233
www.upd-online.de

Sonstige Adressen

Bundesarbeitsgemeinschaft für Rehabilitation
Solmsstraße 18
60486 Frankfurt am Main
Telefon 0 69/60 50 18-0
www.bar-frankfurt.de

Der Bundesbeauftragte für Datenschutz und die Informationsfreiheit
Husarenstraße 30
53117 Bonn
Telefon 02 28/99 77 99-0
www.bfd.bund.de

Bundesministerium für Gesundheit
Rochusstraße 1
53123 Bonn
und
Friedrichstraße 108
10117 Berlin
Telefon 0 30/1 84 41-0
www.bmg.bund.de

Bundesversicherungsamt
Friedrich-Ebert-Allee 38
53113 Bonn
Telefon 02 28/6 19-0
www.bva.de

Deutsche gesetzliche Unfallversicherung e.V. Spitzenverband
Mittelstraße 51
10117 Berlin
Telefon 0 30/2 88 76 38-00
www.dguv.de

Deutscher Heilbäderverband e.V.
Reinhardtstraße 46
10117 Berlin
Telefon 0 30/2 46 36 92-0
www.deutscher-heilbaederverband.de

Deutsche Verbindungsstelle Krankenversicherung – Ausland
Pennefeldsweg 12 c
53177 Bonn
Telefon 02 28/95 30-0
www.dvka.de

Elly-Heuss-Knapp-Stiftung Deutsches Müttergenesungswerk
Bergstraße 63
10115 Berlin
Telefon 0 30/33 00 29-0
www.muettergenesungswerk.de

Gemeinsamer Bundesausschuss
Wegelystraße 8
10623 Berlin
Telefon 0 30/27 58 38-0
www.g-ba.de

Ombudsmann Private Kranken- und Pflegeversicherung
Postfach 06 02 22
10052 Berlin
Telefon 0 18 02/55 04 44
www.pkv-ombudsmann.de

Psychotherapie-Informations-Dienst (PID)
Postfach 06 02 22
10052 Berlin
Telefon 0 18 02/55 04 44
www.pkv-ombudsmann.de

Verbraucher allgemein

Verbraucherzentrale Bundesverband e. V.
Markgrafenstraße 66
10969 Berlin
Telefon 0 30/2 58 00-0
Fax 0 30/2 58 00-518
www.vzbv.de

Stiftung Warentest
Lützowplatz 11–13
10785 Berlin
Telefon 0 30/26 31-0
Fax 0 30/26 31-27 27
www.test.de

Verbraucherzentralen

**Verbraucherzentrale
Baden-Württemberg e. V.**
Paulinenstraße 47
70178 Stuttgart
Telefon: 0 18 05/50 59 99 (0,14 €/min.,
Mobilfunkpreis maximal 0,42 €/min.)
Fax: 07 11/66 91-50
www.vz-bawue.de

Verbraucherzentrale Bayern e. V.
Mozartstraße 9
80336 München
Telefon: 0 89/5 39 87-0
Fax: 0 89/53 75 53
www.verbraucherzentrale-bayern.de

Verbraucherzentrale Berlin e. V.
Hardenbergplatz 2
10623 Berlin
Telefon: 0 30/2 14 85-0
Fax: 0 30/2 11 72 01
www.vz-berlin.de

**Verbraucherzentrale
Brandenburg e. V.**
Templiner Straße 21
14473 Potsdam
Telefon: 03 31/2 98 71-0
Fax: 03 31/2 98 71-77
www.vzb.de

**Verbraucherzentrale des
Landes Bremen e. V.**
Altenweg 4
28195 Bremen
Telefon: 04 21/1 60 77-7
Fax: 04 21/1 60 77 80
www.verbraucherzentrale-bremen.de

**Verbraucherzentrale
Hamburg e. V.**
Kirchenallee 22
20099 Hamburg
Telefon: 0 40/2 48 32-0
Fax: 0 40/2 48 32-290
www.vzhh.de

Verbraucherzentrale Hessen e. V.
Große Friedberger Straße 13–17
60313 Frankfurt/Main
Telefon: 0 18 05/97 20 10 (0,14 €/min.,
Mobilfunkpreis maximal 0,42 €/min.)
Fax: 0 69/97 20 10-40
www.verbraucherzentrale-hessen.de

**Verbraucherzentrale Mecklenburg-
Vorpommern e. V.**
Strandstraße 98
18055 Rostock
Telefon: 03 81/2 08 70 50
Fax: 03 81/2 08 70 30
www.nvzmv.de

Verbraucherzentrale Niedersachsen e. V.
Herrenstraße 14
30159 Hannover
Telefon: 05 11/ 9 11 96-0
Fax: 05 11/9 11 96-10
www.verbraucherzentrale-niedersachsen.de

**Verbraucherzentrale
Nordrhein-Westfalen e. V.**
Mintropstraße 27
40215 Düsseldorf
Telefon: 02 11/38 09-0
Fax: 02 11/38 09-216
www.vz-nrw.de

**Verbraucherzentrale
Rheinland-Pfalz e. V.**
Seppel-Glückert-Passage 10
55116 Mainz
Telefon: 0 61 31/28 48-0
Fax: 0 61 31/28 48-66
www.verbraucherzentrale-rlp.de

**Verbraucherzentrale des
Saarlandes e. V.**
Trierer Straße 22
66111 Saarbrücken
Telefon: 06 81/5 00 89-0
Fax: 06 81/5 00 89-22
www.vz-saar.de

**Verbraucherzentrale
Sachsen e. V.**
Katharinenstraße 17
04109 Leipzig
Telefon: 03 41/69 62 90
Fax: 03 41/6 89 28 26
www.verbraucherzentrale-sachsen.de

**Verbraucherzentrale
Sachsen-Anhalt e. V.**
Steinbockgasse 1
06108 Halle
Telefon: 03 45/2 98 03-29
Fax: 03 45/2 98 03-26
www.vzsa.de

**Verbraucherzentrale
Schleswig-Holstein e. V.**
Andreas-Gayk-Straße 15
24103 Kiel
Telefon: 04 31/5 90 99-0
Fax: 04 31/5 90 99-77
www.verbraucherzentrale-sh.de

**Verbraucherzentrale
Thüringen e. V.**
Eugen-Richter-Straße 45
99085 Erfurt
Telefon: 03 61/5 55 14-0
Fax: 03 61/5 55 14-40
www.vzth.de

Stichwortverzeichnis

Impressum

Herausgeber

Verbraucherzentrale Nordrhein-Westfalen e.V.
Mintropstraße 27, 40215 Düsseldorf
Telefon: 02 11/38 09-555, Fax: 02 11/38 09-235
E-Mail: ratgeber@vz-nrw.de
www.vz-nrw.de

Mitherausgeber

Verbraucherzentrale Bundesverband e.V.
Markgrafenstraße 66, 10969 Berlin
Telefon: 0 30/2 58 00-0, Fax: 0 30/2 58 00-2 18
www.vzbv.de

Verbraucherzentrale Baden-Württemberg e.V.
Paulinenstraße 47, 70178 Stuttgart
Telefon: 0711/66 91-10, Fax: 0711/66 91-50
www.verbraucherzentrale-bawue.de

Verbraucherzentrale Hamburg e.V.
Kirchenallee 22, 20099 Hamburg
Telefon: 0 40/2 48 32-0, Fax: 0 40/2 48 32-2 90
www.vzhh.de

Text	RA Wolfgang Schuldzinski, Düsseldorf
Koordination	Kathrin Nick
Lektorat	Mendlewitsch + Meiser, Düsseldorf
Gestaltungskonzept	punkt8, Berlin
Produktion	Ursula Altenhoff, Düsseldorf
Fotos Innenteil	Fotolia (S. 13, 93, 151, 173, 187)
Umschlaggestaltung	Ute Lübbeke, Köln, www.LNT-design.de
Titelbild	doc-stock GmbH, Stuttgart
Druck	CPI books GmbH, Leck
	Gedruckt auf 100 Prozent Recyclingpapier

Redaktionsschluss: Februar 2013